尋找亞馬遜森林之花

Flowers of the Amazon Forests
The Botanical Art of MARGARET MEE

從英國藝術家
瑪格麗特·蜜的日記
窺見日漸消失的熱帶雨林

瑪格麗特·蜜／著

Royal Botanic Gardens **Kew**

英國皇家植物園（邱園）出品

尋找亞馬遜森林之花：從英國藝術家瑪格麗特‧蜜的日記窺見日漸消失的熱帶雨林

Flowers of the Amazon Forests : The Botanical Art of MARGARET MEE

作　者	瑪格麗特‧蜜
譯　者	紀瑋婷
審　訂	胖胖樹 王瑞閔
社　長	張淑貞
總編輯	許貝羚
主　編	鄭錦屏
特約美編	謝薾鎂
行銷企劃	洪雅珊、呂玠蓉
國際版權	吳怡萱

發 行 人	何飛鵬
事業群總經理	李淑霞
出　版	城邦文化事業股份有限公司　麥浩斯出版
E-mail	cs@myhomelife.com.tw
地　址	104 台北市民生東路二段 141 號 8 樓
電　話	02-2500-7578
傳　真	02-2500-1915
購書專線	0800-020-299

發　行	英屬蓋曼群島商家庭傳媒股份有限公司城邦分公司
地　址	104 台北市民生東路二段 141 號 2 樓
電　話	02-2500-0888
讀者服務電話	0800-020-299（9:30AM~12:00PM；01:30PM~05:00PM）
讀者服務傳真	02-2517-0999
讀者服務信箱	csc@cite.com.tw
劃撥帳號	19833516
戶　名	英屬蓋曼群島商家庭傳媒股份有限公司城邦分公司

香港發行	城邦〈香港〉出版集團有限公司
地　址	香港灣仔駱克道 193 號東超商業中心 1 樓
電　話	852-2508-6231
傳　真	852-2578-9337
E-mail	hkcite@biznetvigator.com

新馬發行	城邦〈新馬〉出版集團 Cite(M) Sdn. Bhd.(458372U)
地　址	41, Jalan Radin Anum, Bandar Baru Sri Petaling,57000 Kuala Lumpur, Malaysia.
電　話	603-9057-8822
傳　真	603-9057-6622
E-mail	services@cite.my

製版印刷	凱林印刷事業股份有限公司
總 經 銷	聯合發行股份有限公司
地　址	新北市新店區寶橋路 235 巷 6 弄 6 號 2 樓
電　話	02-2917-8022
傳　真	02-2915-6275
版　次	初版一刷 2023 年 5 月
定　價	新台幣 760 元／港幣 253 元

Printed in Taiwan
著作權所有 翻印必究

國家圖書館出版品預行編目（CIP）資料

尋找亞馬遜森林之花 ： 從英國藝術家瑪格麗特‧蜜的日記窺見日漸消失的熱帶雨林
／ 瑪格麗特‧蜜（Margaret Mee）著 ； 紀瑋婷譯． -- 初版． -- 臺北市 ： 城邦
文化事業股份有限公司麥浩斯出版 ： 英屬蓋曼群島商家庭傳媒股份有限公司城邦分
公司發行，2023.5
　　面 ； 公分
　　譯自： Flowers of the Amazon forests : the botanical art of Margaret Mee
　　ISBN 978-986-408-927-7（精裝）

1.CST: 蜜（Mee, Margaret）2.CST: 遊記 3.CST: 熱帶雨林 4.CST: 植物圖鑑
5.CST: 亞馬遜河

756.8219　　　　　　　　　　　　　　　　　　112005131

伊瓦格樹蘭
（ *Epidendrum ibaguense* ）

目錄

帕拉斯空氣鳳梨（*Tillandsia paraensis*），鳳梨科

尚柏格胡姬籐（*Adenocalymma schomburgkii*）

致謝

我們由衷感謝英國皇家植物園（邱園）的工作人員與協作人員，他們為上一本書《*Margaret Mee's Amazon*》（暫譯：瑪格麗特‧蜜的亞馬遜）所做傑出的貢獻，而此書的素材取自其中，特別是麥可‧戴利（Michael Daly）、瑪麗蓮‧華德（Marilyn Ward）、以及露絲‧斯蒂夫（Ruth Stiff）。賽門‧梅奧博士（Dr. Simon Mayo）、吉里恩‧T‧潘蘭西教授（Professor Sir Ghillean T. Prance）、卡斯奧‧范登貝格博士（Dr. Cássio van den Berg）、格威利姆‧路易斯博士（Dr. Gwilym Lewis）以及賽西莉亞‧阿傑維多（Cecília Azevedo）提出寶貴的建議，並確認了書中的動植物和地點，我們向他們致以誠摯的謝意。

我們也從格雷維爾‧蜜（Greville Mee）那裡借到了瑪格麗特的日記文本和大量的手繪圖譜，在此深表謝忱。

在所有的畫作與草圖中，部分描繪鳥、魚和其他動物的插圖為亞歷山大‧羅德里格斯‧費利拿（Alexandre Rodrigues Ferreira）的手稿，出自於他的著作《*Viagem Filosofica, pelas capitanias do Grão Pará, Rio Negro, Mato Grosso e Cuibá*》（暫譯：哲學之旅—穿越格朗帕拉、內格羅河、馬托格羅索州和庫亞巴的領地，1783-1792），其餘圖畫均由已故的瑪格麗特‧蜜所繪製，或是來自她名下擁有的資產。

有關圖像的致謝

所有的照片皆由瑪格麗特‧蜜所拍攝，除了第 160 頁上的照片是由布萊恩‧史威爾（Brian Sewell）提供。

瑪格麗特‧蜜的所有繪畫與草圖均由英國皇家植物園（邱園）所提供，除了第 161 頁是由無雙遠征公司（Nonesuch Expeditions）提供。特此致謝。

序

　　《尋找亞馬遜森林之花：從英國藝術家瑪格麗特・蜜的日記窺見日漸消失的熱帶雨林》展示了瑪格麗特約 60 幅的主要作品，另附有在森林裡繪製的幾幅草圖。書中的文字取自她在旅行期間的日記，內容著重在身為植物畫家的工作與她對迅速消失的巴西熱帶雨林的想法。

　　瑪格麗特・蜜（Margaret Mee）被她所巧遇、同住一段時間的形形色色巴西人深深吸引，她特別喜愛在河岸居住的人們，多年後與之中的好幾位成了朋友。她身材嬌小、金髮碧眼，她認為即使在這個偏遠的森林地區也不該降低自己的標準，應該讓自己的外表看起來和在文明世界一樣。儘管她戴著手套，並在遮陽帽上圍了細網，她還是抵擋不住一種令人畏懼的昆蟲的叮咬，稱做「皮蟲」（pium）[1] 的南美洲黑蠅，但她始終保持著幽默感，並且總是能在最危險或最惡劣的情況下，看見使人發笑的一面。她從未失去對於工作的熱情，不遺餘力前往現地檢視稀有植物的報導，她甚至發現了好幾個新物種，其中有些以她的名字命名。

　　從 1956 年第一次的旅程開始，瑪格麗特養成了寫旅遊日誌的習慣。除了記錄路線、行程和她所發現的植物外，日誌裡也講述了她探索亞馬遜河流域中最偏遠地區的探險過程。本書詳述她對亞馬遜的花卉、樹木、鳥類和動物的評論，但內容裡沒有提及她必須以剛柔並濟的態度，脅迫頑固船夫一起乘船探險的故事；甚至曾以左輪手槍嚇阻酒醉的探勘者靠近；還經歷過在急流、獨木舟進水和突如其來的暴風雨。

　　在《*Margaret Mee's Amazon: The Diaries of an Artist Explorer*》（暫譯：瑪格麗特・蜜的亞馬遜：一位畫家探險者的日記）一書中，讀者能從瑪格麗特・蜜的獨白裡讀到她在亞馬遜流域與支流中完整的探險故事。

註 1：微小的吸血蚋科（Simuliidae）昆蟲。

皮氏鳳梨屬植物（*Pitcairnia*）

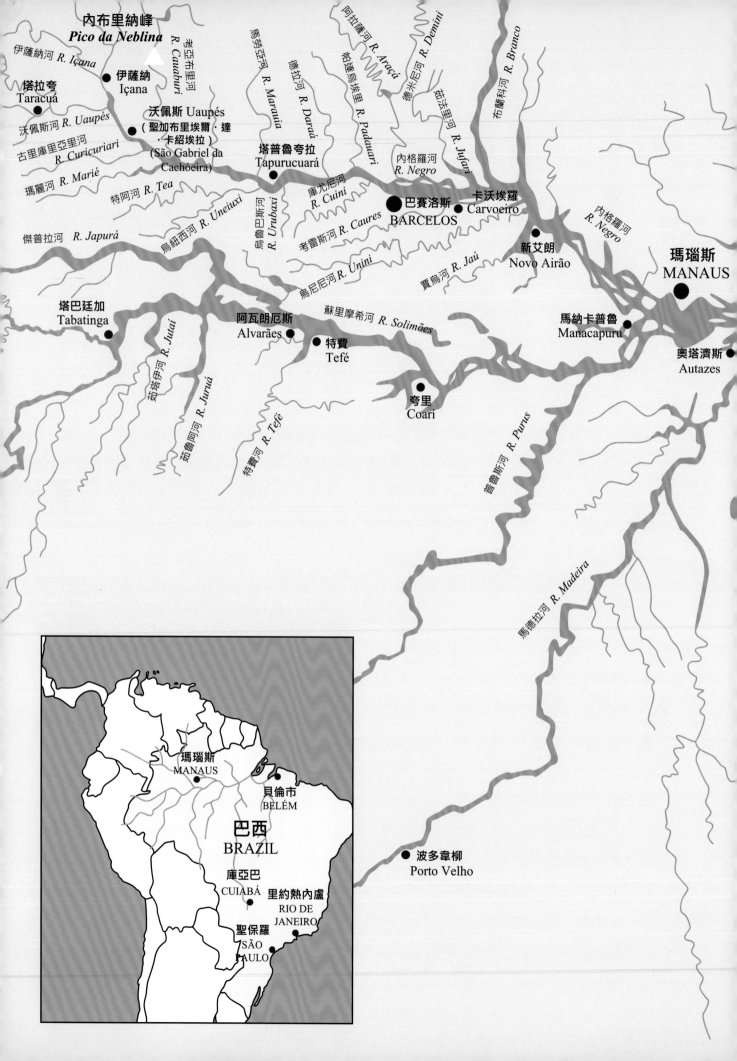

前言

全世界的植物學家與藝術評論家們都讚賞瑪格麗特·蜜是位勇敢的巴西雨林探險者和出色的植物畫家。即便在 1988 年—她的最後一次探險，在面對亞馬遜流域旅程中的危險與磨難，毫不畏懼，依然對於此地區極其豐富的植物相保有極高的熱情。

1909 年，瑪格麗特·烏蘇拉·布朗（Margaret Ursula Brown）出生於英國白金漢郡的切舍姆（Chesham, Buckinghamshire）。她年少的藝術天分促使她就讀於瓦特福藝術學院（Watford School of Art），之後在利物浦（Liverpool）教授美術。二戰時期，她曾在英國飛機製造公司德哈維蘭（De Havilland）擔任製圖員，之後到聖馬丁藝術學院（St. Martin's School of Art）和坎伯韋爾藝術學院（Camberwell School of Art）進修，師從維克托·帕斯摩爾（Victor Pasmore）。在聖馬丁期間，她遇到了自己未來的丈夫，也就是藝術學院的同學—格雷維爾·蜜。

在 1952 年一次探望妹妹的旅程中，瑪格麗特被巴西充滿活力的風景所吸引，促使她和格雷維爾在聖保羅（São Paulo）定居，他們在 1986 年搬到里約熱內盧（Rio de Janeiro）。置身在如此令人著迷又驚艷的花草樹木中，燃起了瑪格麗特想要留下它們倩影的使命感，於是開啟了她作為植物畫家的職業生涯。

1956 年，47 歲的瑪格麗特展開第一次探險，她沿著亞馬遜河的水路來到了古魯匹河（Rio Gurupi）沿岸的穆魯圖卡姆（Murutucum）。在朋友麗塔（Rita）的伴隨下，瑪格麗特遇見了住在河岸邊的當地人，她忍受著多變的氣候、頑強的昆蟲，每日以近乎挨餓的糧食配給維生，並開始持續書寫日誌，記下她此後 32 年間探訪亞馬遜流域最偏遠地區的非凡旅程。儘管有這些使人分神的事物，瑪格麗特仍然專注在她的任務：尋找和記錄隱藏在森林裡的美好。她會先在現地畫好彩色的植物草圖，接著回到家中的工作室畫出一幅完整的植物畫。瑪格麗特所記錄的植物中有 9 種是先前尚未被學界所知曉，現在它們以她的名字命名，其中包含蜜氏蜻蜓鳳梨（*Aechmea meeana*）[1]、瑪格麗特折葉蘭（*Sobralia margaritae*）和瑪格麗特五彩鳳梨（*Neoregelia margaretae*）[2]。

她常在旅途中為了留存植物，帶著數個塑膠袋、小採集籃和盒子，總是顧慮植物可能會在回家的漫長旅途中死去，回到家中，根據她的草圖，努力完成最後的作品。在她居留一段時間的住所，為了盡可能地保存植物，她將採集到的植株栽種成小花園，其中的多種植物落腳於聖保羅和里約熱內盧的研究中心。

在兩次探險旅程間的空檔，有時長達 4 個月之久，瑪格麗特回到家中作畫、教學或是從事其他委託工作。有時候她也會參與聖保羅植物研究所（São Paulo Botanic Institute）的研究工作，這些任務帶她走遍整個巴西，並讓她對當地的豐富植物資源有更多的了解。

註 1：現今使用的學名為 *Aechmea rodriguesiana*，中文名稱為羅德里格斯蜻蜓鳳梨。
註 2：現今使用的學名為 *Hylaeaicum margaretae*。

這 32 年來，瑪格麗特‧蜜對於廣闊、變化莫測且豐饒的亞馬遜雨林魂牽夢縈，一次又一次地被吸引回去。她最初的目的是尋找並畫下生長在樹冠層與亞馬遜盆地的大河水道沿岸上，多到數不清的豐富植物相，後來對這一大片森林資源遭到商業掠奪的憂心油然而生。她是位熱心的保育人士，曾直言不諱地對亞馬遜森林受到毀滅性的開發發表見解，也因此聞名於世。

　　她的作為受到巴西政府與美國國家地理學會（National Geographic Society）的財務支助，並榮獲古根海姆獎（Guggenheim Fellowship）。在亞馬遜雨林工作的歲月裡，瑪格麗特結識了幾位著名的植物學家和保育人士，並逐漸對保護旅途中所見的脆弱環境產生了興趣，成為一位熱切的改革者，並得到了專家們的讚賞與尊敬，包括蘭花專家圭多‧帕布斯特博士（Dr. Guido Pabst）和植物學家理查‧伊文斯‧舒爾茲（Richard Evans Schultes），這些專家也是她的啟蒙導師之一。她將巴西景觀設計師羅伯托‧布雷‧馬克思（Roberto Burle Marx）列入她的朋友群中，他們相互讚賞對方對於亞馬遜地區毀滅性商業開發的報導。在經歷數十年的旅行後，瑪格麗特已有足夠的閱歷，有信心向具有影響力的巴西林業發展研究所（Institute of Brazilian Forestry Development）提交一份報告，其中強調了大河流域的居民與動植物正遭受到日益嚴重的摧殘。在 1976 年，英國女王授予大英帝國員佐勳章，並在 1979 年獲得巴西南十字勳章，以表揚她在植物學研究所做出的貢獻。

含羞草交蕊豆（*Heterostemon mimosoides*）

Couroupita
Rio Yamunda, Pará

Margaret Mee

第一章
古魯匹河流域的
蓮玉蕊屬植物

1956 年

　　一架小型的客貨兩用飛機離開了聖保羅孔戈尼亞斯機場（Congonhas airpot），飛往帕拉州的首都－貝倫市（Belém）。對我和同伴麗塔來說，都是首次前往亞馬遜旅行，興奮無比。我們為了叢林而著裝，至少我們是這樣認為的：藍牛仔褲、長袖上衣、草帽和靴子。我們阮囊羞澀並且不允許帶上超重的行李，我的後背包裡盡是一管管的顏料和多本素描本。

　　飛機降落在貝倫市的機場，當我們一走出機艙時，立刻感受到熱帶的酷暑天氣，即使在小鎮盛產的大片芒果樹蔭下，高溫的威力依然不減。

　　我們在貝倫市待了幾天，在迷人的港口和市場中探索、漫步，精疲力竭時便坐在旅館外的陰涼處，喝著當地美味的百香果汁。

　　但在我們行程中，最有趣和最有幫助的是參觀哥爾地博物館（Goeldi Museum）。該館建立於 1866 年，旨在研究亞馬遜流域的自然史—它的植物相、動物相、自然資源與人口。我們希望在這裡找到進入森林內部的旅行方法，而此次行程並沒有令我們失望，這裡的館長，華特‧埃格勒博士（Dr. Walter Egler）不但支持我們，也提供有幫助的介紹、建議和資訊，他還熱情的派一位管理員從高聳的砲彈樹（Couroupita guianensis）上剪下花朵給我作畫。

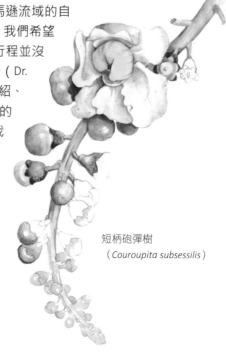

短柄砲彈樹
（*Couroupita subsessilis*）

　　在博物館裡的植物標本館，植物學家弗里斯博士（Dr. Froes）告訴我們，二十多年前他是如何乘坐一架小型飛機低空飛過在巴西和委內瑞拉邊境的神秘未知區域，在那裡他看到壯觀的瀑布，也在伊梅里山（Serra de Imeri）看到一座巨大的平頂山。

◀ 短柄砲彈樹（*Couroupita subsessilis*）

當這位經驗豐富的旅行者向我們展示這個地區的蠟葉標本，並轉而請我幫忙尋找一種據說生長在我們將前往探索的古魯匹河流域森林中的馬錢屬（Strychnos）蔓藤植物，這讓我感到十分的受寵若驚。

在布拉干薩（Bragança）這一座被外界遺忘的小港市，我們兩人的穿著引起當地人的好奇，甚至是敵意—頭戴草帽、身穿牛仔褲和靴子的女子是個不受歡迎的異類。我們很快的找到了一間不起眼的商務旅社，雖然便宜乾淨，但並不舒適。

5 天後，我們的船抵達維賽烏（Viseu），麗塔和我將吊床並排掛起，度過不安穩的一晚後，我在晨曦中見到生平最美好的景色：成群的火鶴在深綠色的森林前起飛，就像是一陣天竺葵的花瓣雨。

在維賽烏，人們把我們介紹給印第安保護局（SPI）[1] 的長官若昂·卡瓦洛（João Carvalho），我們從他那邊得知，我們正要前往的地區是印第安坦貝族（Tembé Indian）的聚落，同時烏魯布 - 卡阿波爾人 (Urubu-Ka'apor) 的領地在河流的下游。

隔天的凌晨 2 點我們膽怯地牽起手，在僱員的帶領下，小心翼翼地往下走在暗如懸崖的台階來到我們的小船。濃霧籠罩著河面，當我們進入這層潮濕雲霧時，牙齒開始打顫。最後船隻劃離了停泊處，開始前往古魯匹河的旅程！我們從行李中找尋能抵抗嚴寒的物品，拉出原本打算用來防雨的塑料布，把自己包裹成像蛹一樣，直到太陽升起驅散了霧氣。

第一夜，我們將吊床掛在迷人的湖畔邊的樹上，聽著沉睡森林的魔幻聲音，使我輾轉難眠，只有樹林睡了，這座湖泊依舊生機盎然，湖面閃爍，魚兒濺起水花，同時青蛙們的合唱與夜鳥們的哀鳴交織在一起。

我們在森林中的日子，欣賞林下樹木與生活在樹冠下的美麗生物。一隻棕色毛茸茸的捕鳥蛛蜷伏在我倚著的樹幹上；一隻變色龍的頸部膨脹成一顆橘色的球，正努力吞下一隻和牠自己一樣大的、一樣綠的葉蟜；當我們拼命地想摘下一朵因昨晚暴風雨而移位且懸吊在木質藤本上的盛開白色蘭花，樹枝上方兩隻好奇的巨嘴鳥跟隨我們滑稽的動作為樂。

註 1：英文全名為 Indian Protection Service。

無尾刺豚鼠（Paca），一種像豚鼠（guinea-pig）的小型嚙齒類動物。

Gustavia augusta
Amazonas Nov. 1985

Margaret Mee

大葉折葉蘭（*Sobralia macrophylla*）　　　　紅茹氏蘭（*Rodriguezia lanceolata*）

可以入畫的花朵非常多，包括開粉紅花和白花的蓮玉蕊（*Gustavia augusta*）、紅色的紅茹氏蘭（*Rodriguezia lanceolata*）、芳香怡人的香花章魚蘭（*Epidendrum fragrans*）[1] 和許多鳳梨科植物。

夜裡經常有暴風雨，我躺在吊床上聽著森林裡的枝葉颯颯作響，白天便收集這些落下來的植物。在一次的搜索中，我遇到了一條灰蛇，牠伸展著身子橫在路徑上，儘管用棍子輕敲幾下希望牠走開，但牠只是傲慢地凝視著我，最後終於鼓起勇氣跨過牠。

當糧食快要見底時，我們決定要離開穆魯圖卡姆。如果可以弄到一艘小船，我們可以溯流而上到平加福戈（Pingafogo）投靠若昂的父親，安東尼奧‧卡瓦洛（Antonio Carvalho）。受人敬愛的老安東尼奧‧卡瓦洛是位在古魯匹河流域的智者，在流域上下游的農民都會到他那裡，請他讀信、寫信，聽他轉述從維賽烏寄來的報紙上的新聞。

西貒（Peccary），一種像豬的動物。

大領杯籐（*Amphilophium mansoanum*）　　　　深紅彩苞岩桐（*Drymonia coccinea*）

　　由於安東尼奧聰明的耕種方式，他的小果園欣欣向榮，不採取砍伐和火燒住宅周圍林地這些常見的整地方式，僅是去除一些在森林巨樹下的灌叢，並利用以自然循環所產生的腐植質栽種果樹，他所種植的柑橘、芒果、咖啡灌叢及在地果樹，在森林巨木的保護下茁壯生長。擁有這樣一座繁茂的果園好壞參半，雖然安東尼奧不斷地指導鄉居們如何建立和種植自己的小耕地，但仍有心懷嫉妒的鄉居經常糾纏著他，討要著果樹上結實累累的果實。安東尼奧還會利用亞馬遜豐富的藥用植物為人治病，因為他對這些藥草的特性有著異於常人的了解。當我們在那裡時，親眼目睹他治癒了一隻帶著獵槍傷的老狗，我們剛抵達時，狗兒的狀態十分虛弱，但經過安東尼奧所調配的複方草藥治療後，狗兒恢復了健康，且在我們離開時牠已能起身搖著尾巴。

　　儘管安東尼奧有著藥草的祖傳知識，但還是和多數的當地人一樣迷信。他確信有使人遭殃的「邪惡之眼」，這也是他講述多個故事中的主角之一，有一位年輕女子來拜訪他，並坐在一棵美麗的檸檬樹下，隔天這棵樹突然轉褐、枯萎並且死亡。

註 1：現今使用的學名為 *Prosthechea fragrans*。

斑花懸梗蘭（*Gongora maculata*） ▶

似黃蓉花
（*Dalechampia affinis*）

當這位女子再次前來訪時，坐在另一棵檸檬樹下，也是相同的結果，後來他們就禁止這位女子前來。麗塔聽了這段「邪惡之眼」的故事後，對於她一眼藍、一眼褐的眼睛，心裡有些顧慮，她擔心會被人們視為是帶來厄運的客人。

在平加福戈，除了安東尼奧和莫西尼亞（Mocinha）外，還有一對年輕男女會去捕魚、打獵和協助幫忙。某天傍晚，這2人到遠方的小溪捕魚，隨著夜幕降臨，時間越來越晚，安東尼奧開始擔心他們回不來了。而當他們平安歸來時，女孩看起來失魂落魄、男孩的短髮一根根直豎，原來他們意外遇到了一隻美洲豹，受到了驚嚇。經過這次的事件後，每當我和麗塔獨自前往森林採集時，安東尼奧都會感到十分焦慮，因為我們總是會被美好的植物吸引而越走越遠，像是灰綠赫蕉（*Heliconia glauca*）[1] 的亮紅色苞片、帶白色鐘型花的亞馬遜百合（*Eucharis amazonica*）[2]、有銀色葉片的明脈蔓綠絨（*Philodendron melinonii*），還有美麗的斑花懸梗蘭（*Gongora maculata*）長長的花序並散發出如同數百朵百合花的濃烈香氣。

我們帶著惋惜的心情離開，但又殷切的希望能回到聖保羅，因為我和麗塔2人都在聖保羅的一所學校任教，早已過了該回去上課的日期。

抵達聖保羅機場時，四周喧囂繁忙。我們的叢林衣著顯得特別顯眼，與其他女子身上的夏季服裝形成強烈對比，而且我們裝載森林植物的大籃子也十分引人注目。回想起在古魯匹河流域所待的小鎮滿是平和的綠意，那裡是我第一次體驗到亞馬遜流域的歡樂與艱辛，然而此刻卻似乎遠在地球的另一端。

註1：現今所使用的學名為 *Heliconia richardiana*，中文名稱為理查赫蕉。
註2：現今所使用的學名為 *Urceolina amazonica*。

黃金鸚鵡（Guaruba）

Margaret Mee

Gongora maculata var. trifonia
Rio Garupi, Pará
February 1959

Catasetum sp.
Natural hybrid ?
Amazonas, Rio Negro 1972 ?

Margaret Mee

第二章

馬托格羅索州的
瓢唇蘭屬植物

1962 年

　　先前沿古魯匹河溯流而上的旅程相當艱辛，但與亞馬遜廣闊的森林和水路的密切接觸，讓我一直盼望重回亞馬遜獲得更多發現和靈感。在古魯匹河流域森林裡的那些日子裡，我瞥見它無限的可能性，意識到自己對那裡古怪又令人興奮的世界著迷，一木一草都是如此新奇，還有各種動物、鳥類和昆蟲。渴望重返的念頭時常縈繞心頭，所以在 1962 年機會一出現時，我便欣然接受。

　　我們飛離聖保羅前往庫亞巴(Cuiabá)，中途停靠大坎波(Campo Grande)和科倫巴(Corumbá)。潘特納爾濕地 (Pantanal) 位在科倫巴和庫亞巴之間，由湖泊和水路組成的原始景觀一路延伸到地平線，一些小山丘被氾濫的洪水隔開，或是與土地的狹長地帶相連。接近庫亞巴時，地景轉變成平頂的群山和廣闊的湖泊，森林覆蓋在平原和山坡上。

◀ 瓢唇蘭屬植物（*Catasetum*）可能是自然雜交的種類。

艷紅赫蕉（*Heliconia psittacorum*）▶

我們經過塞拉多（Cerrado），也就是稀樹草原，就在西羅薩里奧（Rosario do Oeste）小鎮再遠一些的地方，直到夜幕降臨，我們仍在此區穿行，繼續趕路。這裡沒有房子、沒有居民，是個寂寥的地方，而且沿途不時竄出野生動物，被車大燈照得張不開眼睛。2 隻銀灰色耳朵尖端帶黑的美麗狐狸，穿過車道；4 隻美洲豹貓（Jaguatirica）消失在夜幕中。曾經有一次下車推陷入沙坑的旅行車時，我還看到美洲豹的腳印。

待在格萊巴阿里諾斯（Gleba Arinos）幾天後，我們搭乘一台小工作汽艇，從聖羅莎（Santa Rosa）開始溯流而上。這台汽艇是用來採集橡膠的，而那些橡膠園遠在阿里諾斯河（Rio Arinos）和馬托朱魯埃納河（Rio Alto Juruena）的沿岸零星散布。

在阿里諾斯河水域上的第一晚，我幾乎沒有入睡，聽著從水裡所發出來的聲音，只顧著欣賞熱帶森林裡的生物。黎明之後，我們沿著水路順流而下，河流漸漸褪去它平靜的面貌，變得越來越美麗並引人注目。河川被小島和許多巨石群分割，在水面下，巨石上長著玫瑰粉紅色的水生植物。這些石頭清晰地呈現出在雨季時上漲水位的高度—在水線下方是黑色，以上為白色，它們的形狀帶著形體上的純粹，或許就是亨利・摩爾[1]或芭芭拉・赫普沃斯[2]所夢寐以求的。在這個區塊的巴西國土是平坦的，僅少數在繁茂的巴西莓櫚（Assai）和深色的曲葉矛櫚（Buriti palm）所構成的森林後方有隆起的小山丘。

能潛水的鳥類種類豐富，牠們黑色的頭帶著黃色的喙，剛好露出水面。暮光下，金剛鸚鵡成對的飛過頭頂，紅色的陽光在牠們鮮豔的羽毛上閃耀。安靜、獨來獨往的鸛鳥有著寬闊的翼展，飛往牠們在叢林裡鮮為人知的家。我在這條河和馬托朱魯埃納河所匯集的河口採到了美麗的似芥盃藥蘭（*Galeandra junceaoides*）。

我在馬托朱魯埃納旅途中所發現的植物也越來越有趣，像是赫蕉屬（*Heliconia*）、瓢唇蘭屬（*Catasetum*）、白拉索屬（*Brassavola*）以及空氣鳳梨屬（*Tillandsia*）等植物接踵出現。樹

註 1：亨利・摩爾（Henry Moore，1898-1986），英國雕塑家，以大型鑄銅雕塑和大理石雕塑而聞名。
註 2：芭芭拉・赫普沃斯（Barbara Hepworth，1903-1975），英國現代主義藝術家和雕塑家。

美洲豹貓，一種野生貓科動物，體型比美洲豹小。

我愛上了有夜猴的陪伴。

林美不勝收，其中具有白色樹幹和平展枝枒的無葉巨樹在深色的森林中閃爍著，那是木棉科（Bombacaceae）[1]和紫葳科（Bignoniaceae）植物。金黃色的風鈴木（Ipé）和紅色的木棉（Bombax）正值花期，從一棵深色圓頂樹冠上垂掛著長且深紅的流蘇狀花朵。

一天，汽艇外裝推進機的聲音劃破了寧靜，在遠處一艘閃亮的鋁製大獨木舟駛到我們的眼前。一名叫做帕拉（Pará）的烏魯布 - 卡阿波爾印第安人開著這艘獨木舟，運來了我們的行李，隨後我們便朝著阿里普阿南（Aripuana）的營地行駛而去。第一晚，在原始森林的心臟地帶，我躺在星空下的樹上吊床，並沒有什麼睡意，聽著古怪且不熟悉的聲響，看著上方的樹林。一輪皎潔的明月照耀著樹葉，一隻豪豬住在我上頭的樹冠裡，而夜猴們在附近玩耍，牠們是我們忠實的伙伴。實際上，我愛上了猴子們的陪伴，牠們會在夜晚時來到營地，後來甚是大膽地跑到我的吊床上玩耍，牠們也是優秀的警衛，總是能在附近出現美洲豹或是小型野生貓科動物時，發出聲響警告。

註 1：目前木棉科已經併入錦葵科（Malvaceae）木棉亞科（Bombacoideae）。

帕拉斯空氣鳳梨
（*Tillandsia paraensis*）

空氣鳳梨屬植物（*Tillandsia* sp.）

　　阿里普阿南位於馬托朱魯埃納河的河岸，到處是河水氾濫水位高漲時所留下的淺水池，我們見到那裡的魚兒在水池邊的泥濘地，用魚鰭「行走」一段相當長的路程產下牠們的卵，牠們會隨著泥沼乾涸而死去，直到雨季來臨、河水上漲時，這些卵才會孵化成幼魚。

　　在這條寬闊河流的西岸，自古以來似乎人跡未至的森林裡，我首次看到一種可愛的鳳梨科植物（尚未被分類），一群群地散布在綠葉濃蔭的草地上。很不巧的，它們的花期幾乎到了尾聲，且那些未乾燥完全的花朵也開始枯萎，由橘帶粉紅色的苞片所組成的大蓮座狀花叢，沒入長而尖刺的葉片中心。我發現了一、兩顆成熟的果實，外觀亮黃色，嚐起來有鳳梨的味道。每棵成熟植株的基部會長出大量的側芽，它們的外觀與母株非常不同，葉子近似扁平，葉面和葉背帶點紫色。

美麗水塔花（*Billbergia decora*）▶

水塔花屬植物的果實。

雨季期間這個區域一定會被淹沒，河水至少上漲 3 公尺高，這一點可以從如雕塑般成群佇立著似圓頂的巨石上清楚地見到，又再一次呈現出水線以下為黑色，以上為白色。往內陸走去，地面成了由黑泥溝渠所貫穿的小丘迷宮，樹木高大，在高處構成了深色的樹冠。在森林中的某幾區域，鮮少或幾乎沒有植被，那裡主要的植被種類是竹芋屬植物（*Maranta*）、赫蕉屬植物和天南星科植物（Aroid）。樹木的變化非常豐富，從纖細柔弱到以板根支撐的厚實樹幹都有。

清晨，我很早就醒來了，聽到一陣像狗般的叫聲，我便從吊床上一躍而起，朝著聲音來源的河邊方向跑過去，恰巧看到 6 隻水獺跳進水裡，游向一座小島，牠們在那裡享受陽光、盡情玩耍。那是 4 隻成年水獺與 2 隻幼齡水獺，後來，牠們又從小島游到更遠的河岸，但因為這條河在這個位置的寬度非常寬，所以我幾乎快看不清楚了，而這些美麗生物已相當少見，歸咎於人類為了牠們的皮毛而濫捕。

在被派來幫助我採集植物的 7 位印第安男孩中，何塞（José）是個可愛的孩子，他的動作極為敏捷且聰明，爬起樹來像狨猴一般自如，可攀上蔓藤濕入難以到達的地方。我曾在他摔傷脖子之前嚴厲的叫嚷，但他只是嘲諷地大笑並做出更加危險的動作。最後，他幫我找到一些美麗的植物，包含了我一直在找尋的卡斯泰爾蜻蜓鳳梨（*Aechmea sprucei*）[1] 和有著一圈紅色苞片，且深色葉片點綴著銀灰色斑點的水塔花屬植物（*Billbergia*）。

註 1：現今使用的學名為 *Aechmea castelnaviia*。

巨獺（Ariranha），但由於人類為了牠們的皮毛而濫捕，這些美麗的生物已相當少見。

Margaret Mee
July 1978

Billbergia decora Pœpp. & Endl.
Archipélago das Anavilhanas
Rio Negro, Amazonas

後來，我和雷蒙多（Raimundo）一同採集，他被派來以獨木舟載我到一座岩質小島，這個地點如果要用其他交通工具並無法抵達。沿著河流划到小島，一路燦爛且平靜，島上是名副其實的植物天堂。在那裡，我發現了一種出色的蘭花叫做囊狀瓢唇蘭（*Catasetum saccatum*），生長在像是番石榴的粗糙樹幹上，我確定那是桃金孃科的植物，這種蘭花有著大量一叢叢的銀色根和大型的假球莖，有些植株上甚至還有乾掉的雌花。在長滿地衣的樹皮上，成群的黃蜂巢緊貼在根的最基部，它們像是整齊上蓋的紙杯，由類似混泥紙漿的物質製成。當蘭花凋謝後，黃蜂們（或是蜜蜂）便會離開牠們曾經待過的巢。乾掉的水生植物如花彩般裝飾了這些樹和灌木叢的樹枝，可從平滑石頭上的水線看出，雨季時這些瓢唇蘭的位置可能只離水面半公尺高。

在這株蘭花旁邊的是 2 種鳳梨科植物，它們也生長在樹上，一種是帕拉斯空氣鳳梨（*Tillandsia paraensis*），它帶著粉紅色與銀色的葉片與仙客來色（cyclamen）的花；另一種是水塔花屬植物，管狀的葉子被令人痛苦的黑色尖刺保護著，中心的管子伸出一枝可愛的花序，它的基部是一圈洋紅色苞片，上方是一串複雜的穗狀花序，綠色花萼冠著黃色的花朵。

我們回到亞馬遜印第安人的祖傳長屋「馬羅卡（maloca）」，收拾好採集到的植物和其他物品，採收橡膠工人的汽艇剛好抵達，但傑拉爾多（Geraldo）並不想逗留，我只能帶著遺憾離開。在回程的路上，森林被紫葳科的風鈴木所盛開的金黃色花朵點亮，還有木棉的新芽從先前還是光禿禿的枝幹冒出，這條河流春日風光旖旎的景致呈現在眼前！

犰狳（Tatupeba）

Margaret Mee   Catasetum saccatum Lindl.   Amazonas
1977

豔紅赫蕉（*Heliconia psittacorum*）

瓦勒朗蜻蜓鳳梨
（*Aechmea vallerandii*）

　　河中的許多小島上都停佇著蒼鷺；在沙質河岸邊開著極小的紫花和黃花；滿是漿果和地衣的灌木叢上有蘭花和空氣鳳梨生長在其中，霸氣的托坎廷斯蜻蜓鳳梨（*Aechmea tocantina*）以黑色的大尖刺武裝自己。除了我們在這些小島上看到的美麗鳥類外，還有小蝙蝠、烏龜、以及令人害怕的蟒蛇跟森蚺。

　　我們返回阿里諾斯河的途中看到了 7 隻貘，其中有 2 隻幼獸，真是可愛的動物。

　　辛科博卡（Cinco Bocas）是這趟旅程中的最後一道急流，看起來十分壯觀。5 條溪流交會於此，形成一區複雜的水道，滿是危機四伏的礁石和湍急的水流，8 月是整年中最困難通過的時節之一，因為此時為低水位。當超載的小船終於抵達格萊巴阿里諾斯時，我有種謝天謝地的感覺。傑拉爾多把我的植物和行李放進他的卡車中，載著我穿過一片紅色的塵土，來到了所謂的「旅館」。

　　我與幾位來自格萊巴阿里諾斯的探礦者一起乘坐卡車前往庫亞巴，途中我獲得了大自然的獎賞，見到了一株令人難忘的非凡之樹：落囊花（Qualea）[1]。在濱岸林那裡，耀眼的藍色樹冠閃著光芒，這是龍膽屬植物的顏色。後來在穆圖姆河的峽谷（Corrego do Rio Mutum）又再一次看到這樣綺麗的景象，心中暗自決定有一天我要再來探訪這株藍色的落囊花。

註 1：此物種的學名為 *Erisma calcaratum*。

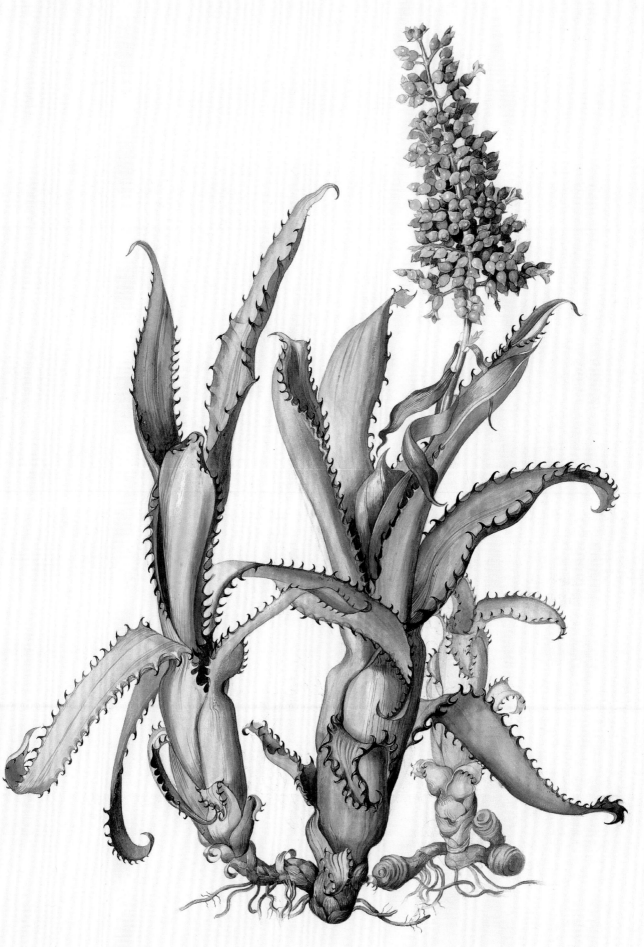

Margaret Mee
August, 1981

Aechmea tocantina Baker
Rio Nhamunda, Amazonas

Heliconia acuminata
Proc: Amazonas near
Manaus, Nov 1964
Margaret Mee

尖苞赫蕉（*Heliconia acuminata*）

第三章
沃佩斯附近的
赫蕉屬植物

1964-1965 年

在阿里普阿南（馬托格羅索州，Mato Grosso）的營地時，沿塔帕若斯河（Rio Tapajós）划了 2 天的獨木舟，只要順著這條河流就會進入亞馬遜河。一想到我曾經是如此的接近這條偉大的水道，我便下定決心下一個旅程將會是亞馬遜的心臟地帶。我與曾在此區探索的科學家討論，並仔細研究地圖後，決定我的下個目的地是位在巴西偏遠的西北角—沃佩斯河（Rio Uaupés）。

在寒冷陰暗、挾著冷風的 11 月天，一架巴西空軍飛機離開了聖保羅孔戈尼亞斯機場。隨著旅途的開展，機翼下的景色越來越美麗—森林、一片又一片的森林，有時穿插著塞拉多稀樹草原和紅石峭壁，這些陡峭的石壁已在史前時代留下深深的刻痕。浩瀚的江河蜿蜒穿過無止境的叢林，在陽光的照耀下，河流成了流動的黃金。

當我們降落在瑪瑙斯（Manaus）時，我已精疲力竭。幸運的是，克勞迪奧（Claudio）推薦一間還算可以的旅館，在那裡我能夠好好沖澡，接著躺平在乾淨的床上。隔天我搬到亞馬遜國家研究院（INPA）[1] 的學生住宿區，以那裡為出發點。我多次前往杜克森林保護區（the Reserva Ducke），這是一區美麗的森林，是以巴西植物學家阿道夫·杜克（Adolpho Ducke）的名字命名，他曾長期生活於亞馬遜森林，一年四季都在研究那裡的植物相。

註 1：英文全名為 National Institute of Amazon Research。

書帶木屬植物（*Clusia*），位於塔拉夸。

瓦勒朗蜻蜓鳳梨（*Aechmea vallerandii*）▶

我滿懷熱情地作畫，因為在保護區和它的周邊環境都有豐富的素材：在林下有成遍帶著淡黃色苞片的尖苞赫蕉（*Heliconia acuminata*）；長葉蜻蜓鳳梨（*Streptocalyx longifolius*）[1] 的花是在夜晚由蝙蝠授粉；有著紅色與紫色的長花序的波皮格氏扭萼鳳梨（*Streptocalyx poeppigii*）[2]；除了這些，還有許多其他美好的植物。

我收到了沃佩斯（Uaupés）慈幼會的熱情邀約，且在梅爾賽斯（Mercés），組織內的一位神父和 2 位修女歡迎我前去拜訪。在一小群圖卡諾印第安人（Tucano Indian）的目送下，我們登上郵船前往沃佩斯。

才剛上船就下起傾盆大雨，迫使我們關上所有遮門，行船期間，郵船駕駛員圖庫曼（Tucumã）只能從一道小縫費力地往外頭看，來應付一道又一道的急流。暴風雨過後，古里庫里亞里山（Serra da Curicuriari）就出現在地平面上。由於這座山的外形，當地人它稱作「睡美人山」（Bela Dormecida）；它綿延了數公里的地景，也成了在廣闊的沃佩斯河上眾多花崗岩島嶼後的迷人背景。

經過幾個小時的航行，慈幼會的白色高樓和修道院映入眼簾，它就位在沃佩斯的聖加布里埃爾·達·卡紹埃拉（São Gabriel da Cachóeira）小鎮的郊區。我們輕鬆地駛向河濱靠岸，一輛卡車載著我們一群人和行李開往慈幼會。在那裡，我認識了一位親切友善的修女，名叫伊莎·拉莫斯（Elza Ramos），她帶我看了我的小房間，那裡靜僻且對作畫而言光線充足，接著還遞給我一杯檸檬水消除口乾舌燥。

註 1：現今使用的學名為 *Aechmea longifolia*。
註 2：現今使用的學名為 *Aechmea vallerandii*，中文名稱為瓦勒朗蜻蜓鳳梨。

善良且好客的修女們。

　　我的下一個行動是去探索慈幼會周邊的地區，並到聖加布里埃爾的壯麗瀑布旁走走，那裡的每個視角都是極佳的景色，且附近的沼澤開滿了我從未見過的花朵。往下走到河濱的沙地上，成群的淡綠色和黃色的蝴蝶就像花瓣般隨風起舞，接著消失在天際中。我後來才知道，這些蝴蝶會從河邊的爛泥攝取硝酸鉀。

　　一天夜裡，一位印第安女孩捎來信息，說隔天一早汽艇將會開往古里庫里亞里。當 3 位圖卡諾女孩和我漫步前往「港口」時，黎明的曙光劃破銀色的沃佩斯河。 若昂（João）駕船帶著我們穿過一連串波濤洶湧的急流，來到了睡美人山的山麓丘陵。在這些小島上，樹上開滿了白色的蘭花。

橙胸鸚哥（Cacaué）

沃佩斯河

在古里庫里亞里的「港口」是以河床上的一棵倒地巨木做為標記，看起來像是某種扭動的原始生物。這裡的村莊是由幾間小屋所組成，彼此相距一段距離且全都藏在樹林中，其中有一間較大的小屋，原先是寬敞的祖傳長屋，只用於儀式和慶典。跟著若昂和奧克塔維奧（Octavio），我們花了 2 天的行程，終於來到了山脈前。

我們逆流而上大概划了一小時，這期間視線一直緊盯著河岸，我的專注終於得到了回報：找到了斑馬蜻蜓鳳梨（*Aechmea chantinii*）和一株精緻的盔藥蘭屬植物（*Galeandra*）。我們把獨木舟停靠在一遮蔭處，這是多條匯往古里庫里亞里河的其中一條溪流的入口處。由 2 位印第安人帶路，我們從一條小溪流進入森林，環境乾燥的程度就像是到了年底。我仍對在河岸邊發現的稀有植物感到興奮，我把這些植物留在獨木舟旁。當我們繼續前進時，森林裡的參天大樹其中有許多是以板根支持，隨著樹林越來越濃密，光線也跟著越來越昏暗，在綠色的微光下我看到一片偏穗草科

37

領杯藤屬植物（*Amphilophium*）

植物（Rapateaceae），它們是奇怪的水生植物，葉片大，葉中央呈深粉紅色，纖細莖桿的先端是由兩片三角形玫瑰色的苞片覆蓋，苞片內是一叢淡黃色的花瓣從深酒紅色的花萼上露出，花瓣像蜘蛛絲般精緻。如果這時候進行採集，植物必定會在旅程中凋謝，所以我決定先讓植物留在原處，等到回程時再來採集。我們很快就將它們遠遠地拋在腦後，並察覺到自己進入了幽暗且回音不斷的森林，宛如一座宏偉的大教堂。

　　這時候，我們突然置身於一區亮綠色的多刺茂密灌叢（caatinga）[1]，樹木不再雄偉壯麗，帶稜紋的樹幹垂掛著附生植物，一路延伸到拱形的樹根至蕨類覆蓋的地面。離開這片綠意盎然的森林後，我們在不知不覺中又再度回到陰森的叢林，只有在見到長在樹冠層高處的橢圓交蕊豆（*Heterostemon ellipticus*）紫水晶色的花朵，我們的心靈才感到寬慰。

註 1：非常貧瘠的沙質土壤森林，樹木稀疏，有較高的光照。

偏穗草（*Rapatea paludosa*）

　　隔天早晨，在最後餘焰未盡的木塊熄滅後，我們開始攀登古里庫里亞里山，這也是植物學家理查‧斯普魯斯（Richard Spruce）在 1852 年曾探索過的山峰。他的旅程距今已 100 多年，從他那次探險至今，這塊土地可能都沒有什麼變化，因為一個世紀只是這座古山悠長生命中的一瞬間。

　　我的下一趟水路旅程是到沃佩斯河的上游塔拉夸（Taracuá），我必須搭乘汽車前往梅爾賽斯，接著乘坐水陸兩用飛機到達塔拉夸。我熱切的探索著周遭環境，並在第一趟前往附近農村的旅程中，發現了許多有趣的植物，像是一株花朵白中帶黃的美麗凌霄花（Bignone），以及木蘭葉領杯藤（*Distictella magnoliifolia*）[1]，此植物是由博物學家洪堡德（Humboldt）於 1800 年在奧里諾科（Orinoco）的旅行首次發現，後來直到 1905 年才由植物學家科赫（Koch）於同一地點再次發現它。那裡還有書帶木屬植物、各式各樣的蘭花以及特別的沼澤植物偏穗草（*Rapatea paludosa*）。

註 1：現今使用的學名為 *Amphilophium magnoliifolium*。

蜜氏垂花粉赫蕉（*Heliconia chartacea* var. *meeana*）▶

一隻在我們聖保羅家中花園當作寵物飼養的大蜥蜴（Teju），這種蜥蜴可以長到超過 3 英尺長。

　　塔拉夸的多刺茂密灌叢是我見過最美的植被之一，附生植物緊貼樹上，半數由濕潤的苔蘚包裹著。而在沼澤環繞的湖中央長著一株書帶木，上面滿是白色的圓錐花序，花朵的中央是紅色的，垂掛在橢圓形的大葉間，我們沿著一根倒落的樹幹走過去就有機會採到它，所以維森特（Vincente）便幫我採了幾串花和葉。這整個區域是座植物的天堂；有 3 種澤藺花屬植物（*Rapatea*）、火鶴花以及 1 種帶有淡綠色羽毛般穗狀花序的迷人蘭花。

內格羅河，1964 年拍攝。

Heliconia uaupénsis E.M.
Amazonas, Rio Uaupés

Margaret Mee

林地書帶木（*Clusia nemorosa*）▶

黏毛書帶木（*Clusia viscida*）

一天，我獨自安靜地漫步在慈幼會後方一塊沒有遮蔽的土地，一株令人驚嘆的書帶木出現在我的眼前，樹上滿是深玫瑰紅的花朵，掛著像是中國燈籠的果實，這是黏毛書帶木（*Clusia viscida*）的雌株。隔天，我在離這裡不遠的地方採集到此物種的雄株，它長在一棵纖細樹木的旁邊，它的白花帶著淡淡的黃色。

一天深夜裡，開往沃佩斯的小船抵達，這意味著我在塔拉夸的旅程到了尾聲，隔天一早便搭上小船出發。我們經過滿是花朵的森林，其中最壯麗的就是俗稱「金剛鸚鵡尾巴」（Rabo de Arara）的圭亞那囊苞木（*Norantea guianensis*），它是一種寄生植物[1]，緋紅色長得像羽毛的長花序覆蓋在樹木的頂端。隨著旅途的進行，兩岸開始出現沙灘和沙洲，因為自 8 月以來，河川水位已大幅下降，到了這個時候的水位已經很低了。氣溫驟降，幾乎到寒冷的程度，但這對於我曬傷的皮膚有些許舒緩的效果。沿著河岸出現為數不多且相距甚遠的小屋，座落在渦流瀑布旁的岩石上，被一叢叢的棕櫚樹包圍。大部分的山脈與河岸間都有一段距離，但我聽說有些離河岸較近的山巒可以搭乘獨木舟輕鬆抵達。

我原本是希望搭乘巴西的飛機前往伊薩納（Içana），但後來取而代之的是神父的汽艇，我們馬不停蹄地花了 2 天的時間才抵達那裡。我熱切地想去探索這個迷人的地區，果真，踏入了我所到過最美麗的多刺茂密灌叢之一。沼澤地上長滿了天南星科植物，它們長長的螺旋狀佛焰苞高舉在葉冠之上，就像是橄欖綠色和栗色的天鵝絨。

註 1：圭亞那囊苞木（*Norantea guianensis*）為附生灌木狀藤本植物，植株可獨立生長，但旁邊如果有大樹，它就會用氣生根攀附上去，類似附生性藤本，可能是因為這種特殊的生長習性，讓瑪格麗特誤認為它是寄生植物。

內格羅河，1964 年拍攝。

Margaret Mee
1975

Clusia nemorosa G.F.W. Meyer
Amazonas, Rio Aracá

戟葉尾苞芋（*Urospatha sagittifolia*）▶

在這座令人敬畏的森林中，我發現一株盛開著紫水晶色花朵的橢圓交蕊豆。人們常稱它為「蘭花樹（Orchid Tree）」，因為它的花朵在外觀上看起來像是蕾麗亞蘭和嘉德麗亞蘭。很幸運地，這株高大的交蕊豆樹已在一場暴風雨中倒下，且一些枝條卡在容易取得的位置，因此便能採到一些花朵和帶葉的枝條。自從在古里庫里亞里見到這種豆科植物後，我就一直很想為它作畫。

含羞草交蕊豆
（*Heterostemon mimosoides*）

另一天，我們跟著一位嚮導在以沃佩斯河為界的森林裡走了一整個上午。這位嚮導名叫賀古拉奴（Herculano），他從孩提時期就熟知這些森林，且努力不懈地幫我找尋植物。他帶著我越過沼澤、跨過溪流，我們在溪邊喝著從深水位舀起的黑水（dark water）解渴，而飲水的杯子是用大片赫蕉所製成。光線閃現在淺水池上，這黑水看上去是金紅色的，在深綠色背景的襯托下呈現出寶石般的質感。

我在這座森林中發現了五脈懸梗蘭（*Gongora quinquenervis*），大約有一人高，生長在一棵大樹上，在這趟旅程中，這一類的植物我只找到這一株。在這片叢林裡，幾乎沒有林下植物，除了一種高大的天南星科植物——河蕉芋（Aninga，溪邊芋屬植物 *Montrichardia*），但在樹上有許多附生植物：鳳梨科植物、蘭科植物和天南星科植物。地面上散落著砲彈樹奶油色和古銅色的花瓣，旁邊有紫葳屬植物的黑紅色鐘型花朵，這很有可能是從纏繞在這片碩大樹林間的其中一棵巨大藤本植物上掉落下來的。

貝拉維斯塔（Bela Vista）

Margaret Mee
1976

Urospatha sagittifolia

Amazonas   (Rudesch) Schott.

　　滿載植物的我們準備返回教會，地上的影子漸長，森林裡一片祥和，只有鳥兒的夜啼，動物為了找尋夜間棲息處所發出的沙沙聲，以及吼猴的吼叫聲劃破了寧靜。

　　我回到沃佩斯的旅程非常複雜。薩爾瓦多（Salvador）駕駛他的電動獨木舟載我回去，中途停靠他在聖費利佩（São Felipe）的家。當我們沿著伊薩納河（Rio Içana）航行時，新年的第一天就這樣不知不覺的溜走。

　　河中景色美得令人難以置信，之前我曾與神父們在前往伊薩納的旅途中，夜裡經過這段路程。現在我能夠見到溪流中的森林，這是片一整年都豎立在水中的樹林。天氣酷熱且潮濕，河面平靜到幾乎難以分辨現實和水中倒影的界線。這一區的森林不是特別高卻非常濃密，被深深滲入叢林的暗色水路所切開。樹根站立在水面之上，形成一座獨木舟能夠穿過的拱門。植物生長茂盛，著根於樹梢和枝條上，點綴著森林的樹冠。從氾濫森林（igapó）[1]到茂密叢林的過渡區，附生植物懸掛在大樹枝上，並一簇簇地出現在枝條的分岔處；樹梢上的囊苞木閃亮的尖刺如同火紅的羽毛；天南星科植物覆蓋在叢林大樹的頂端，或是懸掛在水邊的棕櫚樹上；白色的書帶木花朵像是夜空裡的繁星。

註1：永久被黑水所淹沒的森林。

髯毛瓢唇蘭（*Catasetum barbatum*）▶

Catasetum barbatum
Lindl.
Amazonas, Rio Urini

Margaret Mee
1976

那天早晨我們抵達聖費利佩，3 位男孩划著獨木舟，帶我到氾濫森林去採集植物。

在薩爾瓦多家後方的森林探索時較為寧靜，也比較有趣，因為在那無邊無際的森林邊緣長著年代久遠的古樹，高聳入天，包括 3 株龐大的書帶木，其中 2 株開著極為美麗的花朵，深紫銅色的花瓣，且中心鑲著檸檬色的花蕊，這些花朵散落在樹下，也因為這些樹木如此高大，很難見到開在樹冠上的花朵。我明白這裡幾乎沒有人能幫我爬上去採集，這種絞殺樹木的纏勒植物，它的根系形成了一個籃狀結構，纏繞在受害宿主腐爛樹幹的周圍，構成多個黑洞，而危險的巴西矛頭蝮蛇（Jararacussu）就住在那裡，牠的毒性極強，是為數不多的巴西蛇中具有攻擊性的蛇類之一，牠的毒液通常會致人於死。

難怪瑪麗亞（Maria）在這棵巨大的書帶木下專心聆聽時，當她聽見蛇在樹下林中瑟瑟作響後，嚇得臉色蒼白，我們飛快地離開現場，爬過並穿過倒落的樹木與樹枝，越過灌木叢與林下灌叢，直到抵達森林裡較亮的區域。當我們停下來喘口氣時，我很幸運地在一棵大樹上的分岔處看到鳳梨科植物，其中一部分爬滿了兇猛的螞蟻。它們沒有開花，但與我在這個地區所見到的其他物種非常不同。

從亞馬遜北部原生森林回來後的兩個月，與故土距離兩千多英里遠的五脈懸梗蘭在我聖保羅的花園裡開花了。當淡色的花苞綻放時，花序展露出柔和的紫色與杏色，帶著一股奇特的麝香氣味。長長的花梗纖細且垂吊著小花，這些小巧的花朵彷彿正舒展著翅膀，在空中翩翩起舞，我在腦海中想像著，在它們的身後是那遠處叢林的昏暗綠葉背景。

幾個月後，我在森林裡發現的瓢唇蘭屬植物也在聖保羅開花了，花瓣的外側是最淡的銀綠色，而內側是深酒紅色，它似乎是個新種。

在回到聖保羅的幾個月後，我注意到那株我和瑪麗亞一起在薩爾瓦多家後方發現的鳳梨科植物，它的中心微微帶點緋紅色，這是即將開花的預兆。日復一日，這紅色的區域越來越大，且顏色也越來越濃重，接著，在蓮座狀的中心出現了匯集一池水的開口，長出了一簇白色的小花，帶著淡淡的粉紅色。過幾週後，分枝也開花了。它的果實是帶金屬光澤的亮麗藍色。後來被命名為新種—瑪格麗特五彩鳳梨（Neoregelia margaretae）[1]。在降雨量高的幾個月裡，那遙遠的森林應該會被這些洋紅色的珠寶點綴著。

註 1：現今使用的學名為 *Hylaeaicum margaretae*。

瑪格麗特五彩鳳梨（*Hylaeaicum margaretae*）▶

Neoregelia margaretae L.B.Smith
Col. Amazonas, Rio Içana
Cult. Sitio Burle Marx

Margaret Mee
1981

Cattleya violacea
Rio Guani, Amazonas

第四章

內布里納峰沿線的
嘉德麗亞蘭屬植物

1967年

在內格羅河（Rio Negro）上游支流的探險中，獲得了非常罕見的植物：一種花呈喇叭狀的藤本植物——木蘭葉領杯籬、一種非常特別的沼澤植物——偏穗草、一些屬於纏勒植物的可愛花朵（書帶木屬植物）以及一種稱為五脈懸梗蘭的蘭花。事實上，我已有等著打稿和繪製的植物素材，足以忙好幾個月。我在古里庫里亞里山所採集到的其中一株偏穗草科植物，已在聖保羅的家茁壯生長了好多年。

從沃佩斯河回程的途中，我在巴西空軍飛機上看到遠端的伊梅里山，這座山脈在巴西境內稱為內布里納山（Serra da Neblina），意為「雲霧之山」（Mountain of the Mist），且最高峰是在巴西境內，名叫內布里納峰（Pico da Neblina），峰頂總是雲霧繚繞，果然名符其實。這座美麗且神祕的山景，讓我興奮不已，暗自發誓總有一天要再回來探索這座山的奇妙之處。

機會來了！國家地理學會（National Geographic Society）接受並且資助我針對這個區域的植物採集與繪畫專題。我在7月中旬離開聖保羅來到瑪瑙斯，由一位年輕的巴西助手保羅‧卡爾登尼（Paulo Cardone）為伴，他是非常理想的人選，因為他喜歡研究植物，熱愛並且了解動物。

在採買必要的物資後，我們離開了炎熱且繁忙的瑪瑙斯，遠離街區，小心地穿過黑色的爛泥地，登上我們所租用的汽艇，將沿內格羅河溯流而上抵達內布里納山。從城鎮舊區所遺留下來的棚屋區眺望過去，汽艇停泊在一條小溪旁。茂盛的水生植物和岸邊的香蕉樹，帶給這條小溪一種熱帶風情，而悶熱的空氣使之更加強烈。

生長在樹幹上的嘉德麗亞蘭。

◀ 紫紋嘉德麗亞蘭（Cattleya violacea）

盃藥蘭屬植物（*Galeandra* sp.）

德文盃藥蘭（*Galeandra devoniana*）▶

我們航行到全體人員都筋疲力竭，停泊在一棵大樹下，四周環境迷人。在晨曦的照耀下，我認出了這棵滿是白花的帆瓣花屬植物（*Swartzia*）。

氾濫河水的水位依舊高漲，樹木深豎在水中，因此我能夠較靠近在樹冠上的花朵，包含大量盤踞在老樹與其根部的蔓綠絨屬植物，與夾雜其中的書帶木屬植物，它們的根如簾子般垂下，尋找泥土裡的養分。鸚鵡和巨嘴鳥在開展的樹枝間嬉戲和覓食。河岸邊小巧的紫色含羞草花，鑲在黃色水生植物的花叢邊。

接著我們目擊一幅壯觀的景象，那裡的巨木上有一叢叢的附生植物，且被書帶木屬植物纏繞著。河邊有一株健壯的紅果番木棉（*Bombax munguba*）[1] 枝條間開著大朵的白花，緋紅色的果莢掛在樹上。果莢迸裂時，散出裡頭絲質如同降落傘的種子，當它們隨風飄散，便落到甲板上。一群嬌小的黃臂猴追隨著我們的小船，當牠們在水邊的樹枝間窺探我們的時候，興奮地吹起了口哨。沒多久，牠們身後來了一群栗色的小猴子，在樹枝間跳來跳去，大聲的吱吱叫。

隨著汽艇的行進，河景變得越來越引人入勝。和之前一樣，此地區已被氾濫河水淹沒，許多孤立且廢棄的小屋沒入水中，我們的船就從旁經過。深立於水中的賈拉棕櫚（Jará palm），在它層層纖維環繞的莖桿上，有好幾株帶著香味的德文盃藥蘭（*Galeandra devoniana*）正大肆盛開著。紫紋嘉德麗亞蘭（*Cattleya violacea*）櫻桃色的花朵在樹上閃現，旁邊是開精緻白花的馬蒂安納白拉索蘭（*Brassavola martiana*）。木本的蓮玉蕊開著粉紅色與白色的花朵，時常沿著河岸出現。

註 1：現今使用的學名為 *Pseudobombax munguba*。

Margaret Mee
June, 1984

Galeandra devoniana Schomb.
Lago Sapucá, Oriximina,
Pará

費爾南蜻蜓鳳梨（*Aechmea fernandae*）

蜻蜓鳳梨屬植物（*Aechmea*）

令人愉快的一天過去了，當太陽下山時，最後幾縷光芒照耀在正飛回巢的金剛鸚鵡、巨嘴鳥、蒼鷺、嘈雜的翠鳥和成群鸚鵡五顏六色的羽翼上。黃腰酋長鸝（Japim）的窩懸掛在最高的樹上，當我們的船侵入牠們的地盤時，這些鳥兒拉高分貝的抗議著，還有亞馬遜淡水豚在河中嬉戲，讓水面激起波瀾。

早在人類出現在地球或是亞馬遜森林之前，飛禽走獸在河流與森林裡，一代又一代依循祖先流傳下來的生存方式，那是一種榮耀的存在，彷彿時間沒有留下一絲痕跡。

我們輕鬆地穿過美麗的雅卡敏（Jacamin）瀑布群，但隨後而來的亞納若斯 - 阿蘇（Janajos-açu）瀑布群就是真正考驗航行技巧的時候了！洶湧的河水試圖要禁錮我們，所幸我們總是能在最後關頭時脫險。在與那些急流搏鬥的緊張時刻，我注意到天空中有一群聒噪的亮綠色鸚鵡，跟隨著數十隻纖細的剪尾鳥飛過。等到緩和平靜下來的時候，我們看到了更多生活在河邊的動物們。

藍花雅蘭（*Aganisia cyanea*）

　　船上突然一陣騷動，桑提諾（Santino）興奮地大叫岸邊有一隻森蚺，這尾龐然大物躺在倒木下伸展，牠平滑發亮的身軀鼓起一大包，因為牠正在消化一頓最近的大餐，牠肯定超過 4 公尺長。我採集到一株藍花雅蘭（*Acacallis cyanea*）[1]，這是棵開藍色花的蘭花，植株上滿是精美的花朵。

　　我們自 7 月 15 日從瑪瑙斯開始這趟旅程，9 月 2 日抵達馬圖拉卡（Maturacá），這裡自然形成的黑水渠道連接著考亞布里河（Rio Cauaburi），肯定是亞馬遜流域中最美麗的水道之一。河岸邊的植物種類豐富，有著鮮紅色苞片和鑲著銀環葉片的附生植物—斑馬蜻蜓鳳梨、緋紅色的皮氏鳳梨屬植物（*Pitcairnia*），以及許多其他森林植物，它們就像軍團陣列，遍布在河川上的每個彎道，讓伊梅里山被森林覆蓋的坡面有了壯觀的景致。

註 1：現今使用的學名為 *Aganisia cyanea*，因早期的學名為 *Acacallis cyanea*，所以曾被稱作阿卡卡里蘭。

亞馬遜蝸殼蘭（*Warczewiczella amazonica*）▶

皮氏鳳梨屬植物（*Pitcairnia*）

　　我曾經從考亞布里河看到宏偉的帕德雷山（Serra do Padre），印第安人稱之為「皮里皮拉山」（Piripira），它的美好輪廓映襯著傍晚的天空。這次，在前往印第安人村落的途中，我更能清楚地看到這座山，穿過優美的印第安橋樑，這座橋全以蔓藤和細樹枝搭建而成，橫跨急流，是一座真正的吊橋。

　　我們著好裝備，出發踏上前往內布里納峰的旅程。在河道的每個轉彎處，我們都以為抵達了圖卡努河（Rio Tucano）的河口，經過半天的航行後，才終於來到了這裡，但河川已被倒木殘枝完全堵住了。要從這亂糟糟的樹枝中開闢出一條路是沒什麼希望的，因為這片屏障綿延了很長的一段距離，因此，我們在 1965 年邊界委員會（Boundary Commission）的營地舊址下船，有關此事件的日期刻在一棵粗壯的老樹上。

　　這片遙遠森林的美景令人敬畏，且想到我終於踏上這座總是從遠處凝視已久的雲霧之山，興奮之情便難以抵擋。沐浴在圖卡努河清涼的河水令人心曠神怡，接著回到吊床上休息。

Margaret Mee
September 1978

Cochleanthes amazonica
(Rchb. f. & Warsc.)

第 2 天清晨，我們便起身四處走走，迫不及待地想開始爬山，但這片森林的土地已被連日來的降雨浸透，積滿水的低窪地使得攀爬變得困難。隔天，我們在一條小溪旁停了下來，嚮導們已弄清楚我的意向，於是採集了一些蘭花和鳳梨科植物，甚至還相互競爭，看誰能發現最有趣的植物。

黑色的爛泥中有些奇怪的螺旋，踩上去時會發出雷鳴般的聲響，我問普拉西多（Placido）那是什麼？他告訴我，在這些小丘下住著蚯蚓（Minhoca），我猜想應該是一種巨型的蚯蚓。在滿是小丘和腐葉所覆蓋的地面之間，我踩著雖然凋謝但依舊芬芳的大葉書帶木（*Clusia grandifolia*）的花朵。

在山坡的最高點，一大片絢爛的蘭花和鳳梨科植物映入眼簾，在它們之中，正是我一直在尋找的費爾南蜻蜓鳳梨（*Aechmea fernandae*），距離最後一次見到它已是好幾年前在阿里普阿南。

突然間，我呆住了，在離小徑不遠處長著一株既古怪又美麗的樹，又或者，它是一棵樹還是一大堆的蔓藤？如繩索般粗壯的莖桿扭旋向天空，之後消失在森林的樹冠層中，奇特的是這棵神秘的巨木居然連一片葉子也沒有。

捎著採集的植物沉重到難以負擔，加上被腐葉覆蓋的地面特別泥濘，我吃力而緩慢的走在同伴們的後頭，但沿途依舊繼續採集植物，這讓我又離同伴們更遠了。我沿著乾涸的溪床行走而迷失了方向，因為它怎麼看都像是一條步道。慢慢地，我覺得快要抓不住裝著植物的塑膠採集袋，感覺到自己正用盡全身的最後一絲力氣，這時一個令人欣喜的畫面讓我活了過來，納波萊昂（Napoleão）站在一棵大樹下，以迷人的姿態說道：「瑪格麗特女士，我正在等您。」接著他便拿走我的植物袋，輕輕地掛在自己的肩上。

回程中，我們乘船航行在考亞布里河上，經過無邊無際的森林與皮里皮拉山雄偉的山峰，採集的植物在微風中搖曳。接著，我們和旅途中結識的朋友在馬圖拉卡短暫停留，一想到即將要離開這些好人們就覺得感傷，他們是另一個世界的居民，那是一個燦爛的自然世界，但這還能夠維持多久呢？

這是一棵樹，還是一大堆的蔓藤？

Margaret Mee 1982

Clusia grandifolia Endl.
Rio Negro, Amazonas

Margaret Mee
1983

Encyclia randii (Barb. Rodr)
le Porto Velho
Amazonas

◀ 倫狄圈柱蘭（*Encyclia randii*）

第五章
馬勞亞河畔上的
交蕊豆屬植物

1967年

在我們返回瑪瑙斯的途中，連沃佩斯都還沒抵達前，我就已經在計劃下一趟旅程。我跟保羅（Paulo）聊過，他也像我一樣熱切地渴望能航行在馬勞亞河（Rio Marauiá）上，這條河發源於伊梅里山，且在塔普魯夸拉（Tapurucuará）以西大約 20 公里處匯入內格羅河上游。早在 1956 年，我在貝倫市遇到弗里斯博士，從他那裡聽到非常多有關這條遙遠河流的奇聞。許多年前，這位傑出的旅行者曾飛越伊梅里山，還告訴我對自然科學家來說，那裡會是個有趣的地方。

在我們抵達了塔普魯夸拉的慈幼會時，我臨時替保羅和自己安排，一同前往在馬勞亞河畔的教會，那裡住著一位隱居的神父，名叫安東尼奧·古斯（Antonio Goes），他有許多奇聞軼事廣為人知。

我花了一天整理從內布里納峰所採集的植物，大部分的植株看起來都還活著，假使能再下一場及時雨就如有神助了。保羅加入幫忙，他真是個得力的好助手。同時，我在前幾週得到的小鸚鵡庫里卡（Curica）停在樹梢上看著我們工作，似乎非常享受。當我們一到塔普魯夸拉時，我就趕緊打開鳥籠的門，因為我實在不忍心看著一隻雛鳥被關在狹小的空間裡，牠看起來很樂意離開那裡，在我工作的時候，牠會陪在我身邊。

我的小鸚鵡
「庫里卡」。

一株令人感興趣的瓢唇蘭屬植物開花了，當小汽艇的船主艾迪瑪·馮特（Ademar Fontes）出現時，我剛在露台完成這幅畫。他過去曾在瘧疾服務中心工作，常為卡布克羅人（Caboclo）[1] 的小屋噴灑 DDT 殺蟲劑驅蚊，因此得到「迪德」（Dedé）的綽號。令人高興的是，他已辭去那份工作，轉行開著他的小船「聖多阿爾貝托號」（Santo Alberto）在河上運送貨物。他剛好要運送糧食到古斯神父那邊，我便請問他，如果船上還有空間，能不能載我和保羅一程？他回答我，船的空間所剩不大，除了自己和一位印第安男孩外，還要載一隻羊和一頭驢上船。我們很幸運的是，到了要起航的時候，那頭固執的驢怎麼樣都不肯登船，當我們意識到硬拉驢子登船只是徒勞無功時，便丟下牠，搭上船離開了。

註 1：混有葡萄牙人與印第安人的血統。

61

　　我們的第一站是迪德在森林裡的屋子，享用了一頓豐盛的午餐，也給了庫里卡新鮮的番石榴，並提供較堅固鳥籠在旅途中使用，接著我們又再度啟程。

　　每當經過瀑布時，我們就必須下船卸貨，並抬著小船越過岩石，拖著小船穿過洶湧的水流。當體力完全消耗殆盡時，我們在石頭堆上傍著平靜的水流張羅午餐。在每個瀑布點，我帶著庫里卡走進森林，坐在樹上，牠吃著葉子和漿果，樂於在那邊多待一些時間，就像熟悉領地的小貓一樣玩耍著。我們停泊在一個採集植物的絕佳地點，在那裡發現了長葉蜻蜓鳳梨、處女蘭（*Diacrium bicornutum*）[1] 和梅特西蜻蜓鳳梨（*Aechmea mertensii*）。

註 1：現今使用的學名為 *Caularthron bicornutum*。

迪德的小船，上面還載著羊。

橢圓交蕊豆（*Heterostemon ellipticus*）
承蒙倫敦泰倫藝廊（The Tryon Gallery）提供。

　　我坐在森林裡為藍花雅蘭上色，在那裡也發現了一株美麗的橢圓交蕊豆，但它脆弱到直接在我眼前凋謝，還有一株沃佩斯皮氏鳳梨（*Pitcairnia uaupensis*）的小芽。

　　我也發現到一叢金杯藤屬植物（*Solandra*），它的果實類似番茄。那裡也有一株結實累累的檸檬樹，檸檬是神父們在巴西殖民初期所引進的。庫里卡和我大口地吃下像是番茄的果實和檸檬，因為在過去的幾週，我們的飲食都缺乏水果。我在倒木上採集到一株小小的瓢唇蘭屬植物和其他種類的蘭花，人們曾在這個地區為了建造小屋而清除森林，這些倒木就是在那個時後被砍伐的。

　　隔天抵達了目的地，我們在陡峭的河岸停泊，安東尼奧．古斯神父前來歡迎。我們會在 2 天後回程，因為古斯神父將要前往塔普魯夸拉。我們在早上 8 點前離開教會，當船行駛到急流時，大家全都拼命地抓住懸浮在水中的樹枝，以防止我們的船被沖下瀑布，就在一個危急的時刻，我瞥見一條細長懸垂的花序，那是一株吊桶蘭屬植物（*Coryanthes*），開著淡粉紅色的小花。它就在迪德唾手可得的位置，這種植物十分少見，我懇求他幫我採下來。他使勁地拉下這株美麗的植物，接著成群的螞蟻爬上他的手臂，狠狠地叮咬，他因此放聲大叫，並把植物和蟻巢甩入河中，手臂

Margaret Mee

Catasetum fimbriatum
Morren Lindl.

經常在蟻窩上發現艾伯特吊桶蘭
（*Coryanthes albertinae*）。

也浸入水裡。我深怕強大的水流會帶走這珍貴的植物，於是全然不顧螞蟻的叮咬，抓回仍然滿是螞蟻的植物，迅速地把它塞進塑膠袋中。人們經常在阿茲特克蟻（Aztec ant）窩上發現艾伯特吊桶蘭（*Coryanthes albertinae*），它們之間可能有共生的關係。

　　隔天，在偏高的樹枝上有一些正在開花的蘭花，托尼卡（Tonika）和伊里努（Ireneu）便爬到樹上幫我採集。我希望能進一步深入森林尋找植物，但就在我剛要下船時，庫里卡掉進河裡，牠全身濕透也嚇壞了，我不忍心丟下牠自顧離開。在救起庫里卡時，我的手錶從手腕滑落，掉入水中了。

　　　夜幕降臨，我們停泊在一群小屋旁，那裡還有一間屬於梅爾卡多先生（Mercedo）的房子，他是一位葡萄牙老人，且對這一帶非常熟悉。神父已和我提過他的大名，說他是一位蘭花採集大師。我們在他的花園裡，與他的妻子和家人聊天，在開花的古布阿蘇樹（Cupuaçú）[1] 下，度過了一個悶熱的傍晚。

　　隔天，我們繼續踏上前往瑪瑙斯的旅程。在淡水沼澤森林中漂浮著一堆枝葉，一隻令人印象深刻的淡灰藍色蜥蜴正在上面曬太陽，但當我們的獨木舟經過時，牠便跳進中水裡，激起巨大的水花。

　　我們在美好平靜的河灘度過了一個晚上，實際上是一座長長的沙島，位在 2 條寬闊的河流之間。沼澤地上長著矮灌叢，大多是含羞草，而在較深的沼澤則有小棵的棕櫚。在那裡，我發現了落囊花（*Erisma calcaratum*）的花瓣，是絢爛的龍膽藍色。但卻找不到這些花瓣是從哪棵樹掉落下來的，因為森林的樹冠和蔓藤形成了一片濃密的植物網，這裡的每株樹和爬藤都競相生長，爭奪陽光。

註 1：學名為 *Theobroma grandifloram*，中文名稱為大花可可樹，是可可的親戚。

一隻細長的蜥蜴在石堆上曬太陽。

大葉帆瓣花（*Swartzia grandifolia*）

　　當保羅和伊里努去釣魚時，我在一間橡膠採集者小屋的廢墟外，一棵巨大的帆瓣花樹下，畫著那株壯麗的黃色夾竹桃科植物的花朵。

　　那晚，我們大約在 8 點停了下來，天色很黑，而且周圍沒有河灘，我們便停泊在一條小河道上，這是片如草地般遼闊的區域。大大的上弦月在寂寥無聲的夜空中升起，伴著青蛙的合鳴、貓頭鷹和夜鳥的悲啼，而就在那時，我第一次聽到秧雞（Saracura）最令人難忘的啼叫聲。

羅德里格斯蜻蜓鳳梨（*Aechmea rodriguesiana*）▶

蓮玉蕊屬植物（*Gustavia*）

接下來的一天，我開始仔細的採集紅果番木棉植株和種子，它那緋紅色的果莢滿是木棉纖維，其內的種子廣受鸚鵡們的喜愛。一株大棵的鳳梨科植物落在汽艇上，但它上面有大群的螞蟻，所以我並沒有將它留下來。

儘管河水湍急，我還是採到了一株美麗的蓮玉蕊屬植物，它白色花朵的中央是橙色的。我費了好大的勁才畫下這些精巧的花朵，因為當時船身搖晃顛簸，而且還颳著風。

我們夜宿在陡峭岬角旁的白色河灘，那裡長著矮小的樹木。皎潔的明月冉冉升起，照亮了這片奇特的風景。夜鳥的叫聲劃破寧靜，魚兒被大魚追趕著，從平穩如鏡的河面躍出，亞馬遜淡水豚也正在嬉戲。我們在黎明前離開這個迷人的地方，因為此地的河流非常波濤洶湧，未及晌午便抵達一座令人厭惡的瑪瑙斯河邊小港口。

我在瑪瑙斯有一些熟人，他們知道我在採集植物。一天，我便搭著他們的車前往彭達內格拉（Ponta Negra），那裡是亞馬遜森林中非常美麗的區域，但悲傷的是自從我上次拜訪後，眼見這塊土地被大肆破壞與燒毀，這曾讓達爾文、斯普魯斯、貝茲（Bates）以及華萊士等博物學家們著迷的壯麗森林，如今卻幾乎變成了灰燼。

當我搭機回家的途中，飛越過無邊無際的亞馬遜叢林，機上的廣播宣布我們將在午夜抵達聖保羅。我看了看我的手錶，突然意識到自己已離開了一個不受時間影響的世界，自從手錶掉入河裡的那一刻到現在，其實也不覺得需要手錶，而現在它正躺在內格羅河的河床，在開著紫花的杜荊屬植物（*Vitex*）底下。

假木棉屬植物（*Pseudobombax* sp.）

Aechmea mecana Breira &
Amazonas, Rio Marau   Freitz
            March 1978

        Margaret Mee

Gustavia pulchra
Amazonas

Margaret...

第六章

爲德米尼河增色的
文心蘭屬植物

1970 年

我大概又過了 2 年才再次回到亞馬遜。從馬勞亞河回來後，我罹患了肝炎，後來才知道那個夏天在內格羅河的上游地區流行著肝炎。雖然對於布里納峰之旅和馬勞亞河旅程的記憶已漸漸模糊，但休養期間我畫了當時所發現的植物，其中最感興趣的是艾伯特吊桶蘭，就是我在蟻窩上發現的蘭花。在我離開瑪瑙斯後，採集的植物被打包轉寄，而這些伴隨著吊桶蘭的螞蟻都死了，因為這種植物和螞蟻之間似乎有著某種的共生關係，所以在我完成畫作之前，很擔心螞蟻的死亡可能會影響到這株植物，所幸最後順利完成了這幅作品，隨後成為圭多‧帕布斯特（Guido Pabst）著作《Orchidaceae Brasilensis》（暫譯：巴西蘭科植物）的書籍封面。

我的第一站是瑪瑙斯，隔天我在蓬內格拉（Ponta Negra）和萊奧溪（Igarapé Leão）間漫步，希望能在那裡找到一些花來畫，但當時並沒有什麼花在開，且河水淹沒了數十英里的森林，許多植物都沉在水中。

內格羅河也未能倖免於難，因為在河岸上已蓋了一座煉油廠，且所排放的含油污水正破壞著當地的植被，幸好位在下游的雅努阿里湖（Lago Januari）還是生機盎然，雖然高漲的河水已將亞馬遜王蓮（Victoria amazonica）沖離主要的湖泊，但那裡有著繁盛的鳥類與茂密的水生植物。我在一株逸瓣檀屬植物（Macrolobium）的樹上發現了一株棒葉文心蘭（Oncidium cebolleta）[1]，開出一串大黃花。一隻樹懶掛在一棵已死的號角樹屬植物（Embauba）[2] 上，看起來就像是一片棕色的大葉子，另一棵樹則掛著好幾個黃鸝的巢，這種黑黃相間的鳥兒嘰嘰喳喳地叫個不停。

隔天早上，一位慷慨的德國生態學家開車載我去杜克森林保護區。一路上看著非常糟糕的「發展」景象，我感到越來越沮喪，當身處保護區時，目睹一切所遭受的破壞，我不禁潸然淚下，一面慶幸我不會活到親眼目睹它最後被破壞殆盡的一天，

註 1：現今使用的學名為 Trichocentrum cebolleta。
註 2：為號角樹屬植物（Cecropia），是一種生長迅速，有明顯掌狀葉的樹種。

棒葉文心蘭
（Trichocentrum cebolleta）

◀ 美麗蓮玉蕊（Gustavia pulchra）

一面對於自己不再年輕、無法改變這種情況而感到遺憾。就在我們的眼前，曾經壯麗的亞馬遜森林正在被夷為平地，變成了淒涼的荒地。

當我正計畫沿著德米尼河（Rio Demini）航行時，一個沿著蘇里摩希河（Rio Solimões）旅行的機會出現了。上船的第一晚，我們坐在甲板上，月光下奇特的景色從我眼前閃過，一個由小島構成的曲徑，因為河水的水位很高，水面上只見到了樹林的樹冠。藉著月光和身旁晃動的提燈，我掃視著浮在水面上的草木小島，看到紅果番木棉上有花和果，開著大大的白花和緋紅色的果莢。在多處河段，號角樹屬植物在水邊排成一排，就像是保護森林樹木的先驅，它們是否為了正漂流在河上一批批大量的樹幹而歸來。

到了普魯斯河（Rio Purus）的河口，蘇里摩希河的河面變得寬闊無比，兩側的植被多樣且壯觀。豆科的藤本植物像是一頂龐大的斗篷覆蓋在樹上，懸掛在開著白花的玉蕊屬植物（*Lecythis*）和帶金黃色圓錐花序的阿勃勒屬植物（*Cassia*）之間，天南星科和鳳梨科植物聚集在吉貝木棉（Sumaúma）高高的樹枝上。但就整體來說，河岸上的原始林已被砍伐，當我們駕船駛過只種植芒果、可可和柑橘果樹的耕地邊緣時，這樣的特徵越來越明顯，偶爾還可見到一些棕櫚。森林變得非常模糊、非常遙遠。

在阿瓦朗尼斯（Alvarães），我遇到了一位名叫安東尼奧（Antonio）的荷蘭老神父，他帶我進入森林採集植物，有幾位男孩隨行，一旦需要就可以請他們爬樹。我很幸運的發現了一種美麗的鳳梨科植物，名叫多脈皮氏鳳梨（*Pitcairnia sprucei*），它生長在一棵橫跨河道且表面長滿苔蘚的倒木上。這株植物上有花苞，我希望帶回瑪瑙斯時，它能保持活力並開花。

冠叫鴨（Tacha）

Margaret Mee

Rudolfiella aurantiaca (Lindl.) Hoehne
Rio Negro, Amazonas.
November 1971

多脈皮氏鳳梨（*Pitcairnia sprucei*）　　　　木瓜葉皮氏鳳梨（*Pitcairnia caricifolia*）

　　回到瑪瑙斯後，我立刻敲定前往德米尼河的計畫，隔天搭上一早的班機，僅花了 2 小時就降落在巴賽洛斯（Barcelos）。瘧疾服務醫療團隊的一些成員剛好要搭船離開，前往皮洛托岔流（Paraná do Piloto），我們搭上他們的船，沿河而上，經過幾間小屋後，進入了一條狹窄的河道，兩旁滿是賈拉棕櫚，這時正是水位高漲的時期，而這種矮小的樹木會只露出一半或甚至完全沒入水中。在它們多纖維的樹幹上緊貼著德文盔藥蘭，這種蘭花的花形鐘狀，花色為紫色、棕色和乳白色，它們的香氣瀰漫在空氣中。我們在黑水上划著非常顛簸的小船，航行在已被水淹沒一半的樹叢間。這股沉靜令人毛骨悚然，常常與樹木貼近到完全無法使用船槳，只能連推帶拉地讓小船在樹幹之間移動。

　　我們繼續往前行駛，意外地到了一區景象非常不同的沼澤：在糾結纏繞的植被中，矗立著乾枯的樹木，有些相當高大，上面長滿了附生植物，但有些樹幹已腐朽不堪，以至於無法攀爬。儘管如此，我還是有不錯的採集成果，包含瓢唇蘭屬植物、白拉索蘭屬植物以及紫紋嘉德麗亞蘭。

赫蕉狀空氣鳳梨（*Tillandsia heliconioides*）▶

Margaret Mee

Vriesia heliconioides (H.B.K.) Hook. ex Walp.
Amazonas, Rio Demeni
January, 1973

諾哈威廉文心蘭（*Nohawilliamsia pirarensis*）▶

結果中的
撫稚蘭屬植物
（*Batemannia*）

回到瑪瑙斯後，我找到了一位名叫若昂‧蘇亞雷斯（João Soares）的船主，他將開船回到他在德米尼河的家，我搭上船，這趟旅程大概花了 2 天的時間。在我們駛離德米尼河河口約 5 小時後，看到了若昂在捷勞瓦卡（Jalauaca）的房子。

留在捷勞瓦卡的期間，若昂家的 2 個男孩用他們所挖鑿出來的獨木舟，划槳載著我到離家不遠的雨林採集。那兒水分充沛，在加瓦里星果椰（Jauarí palm）的遮蔭下，光線昏暗，它粗壯的樹幹上長著一圈圈黑色的長棘，這對植物採集者而言是種威脅。逸瓣檀屬植物優雅地懸在黑水的上方，上面長著許多蘭花，我在一根枝條上採到含苞的囊狀瓢唇蘭，附近也有一株小巧迷人、紅白相間的書帶木屬植物。當我正忙著畫瓢唇蘭時，聽到河上傳來的發動機聲越來越近。這艘汽艇是來自瑪瑙斯的印第安檢查站（Posto Indigena），聽到這個船聲令人感到欣慰，雖然我在捷勞瓦卡逗留時收穫不少，但還是渴望能去到更遠的地方。隨後，我在清晨抵達了阿胡里卡巴（Ajuricaba）。

一位十歲名叫迪亞哥（Diego）的男孩，與他的小伙伴伯納迪諾（Bernadino），划著船載我沿著德米尼河的支流溯流而上，在美麗的淡水沼澤森林採集植物。在那裡我發現了一株我認為是撫稚蘭屬植物（*Batemannia*）的蘭花，回程後，我便畫下這株植物了。

用來裝植物的籃子送來了，有著良好的通風性，雨水和露水都能流入籃中，這是我請印第安人製作籃子時所提出的要求。一對美麗的巴西黑鸝（Grauna）好奇地看著我，嘰嘰喳喳地相互交談，每天早上都從小小的窗戶盯著我看，牠們似乎住在一棵像是番石榴的樹上，但當時樹上都還沒有結果。

在淡水沼澤森林裡一片寂靜，黑水上長著闊葉樹和零星散布的桃實椰子王（Marajá palm）。不比天蛾大的小蝙蝠被輕拍的水花打擾，而四處飛來飛去，但多數的鳥類都十分害羞，隱匿在深色的樹叢中或是迅速飛過又躲了起來。

在伯納迪諾的協助下，我採集到一些美麗的植物：一株有著白色大唇瓣的夜香樹蘭（*Epidendrum nocturnum*）、一株深紅色的書帶木屬植物以及一株同時帶有花和果莢的撫稚蘭屬植物。

返回巴賽洛斯的行程被延誤了，等到保羅終於準備好要離開時才得以乘船出發。從巴賽洛斯前往阿拉薩河（Rio Araça）經過德米尼河，那是 2 條『禁』河。我享受著河岸的美景，因為所有的花朵似乎是同時綻放，蓮玉蕊開著大片的白花；一株開著粉紅花的凌霄花攀過灌叢浸到水中，它的小喇叭花在溪水中飄散；還有帶著黃色圓錐花序的棒葉文心蘭掛在一株具緋紅色苞片的鳳梨科植物下。這幅景象就好比是一場用形體與色彩交織演奏的視覺交響樂。

我們航行在這一片燦爛美景中，如鏡面的河流旁點綴著優雅的側柏（Tulia），白色的沙岸與河灘上生長著深色的曲葉矛櫚和賈拉棕櫚，覆蓋著粉紅色花朵的巴庫力山竹（Bacuri）排列在河岸邊，這種樹所結的小果實，味道與荔枝十分相似。

Margaret Mee
July, 1985

Oncidium sp.
Amazonas

紫紋嘉德麗亞蘭（*Cattleya violacea*）

　　我們到了印第烏斯瀑布（Cachóeira des Indios），當年的瓦伊卡（Waika）部落如今只剩下酋長阿拉肯（Araken）與他的妻子喬安娜（Joanna）2人。我問阿拉肯是否能帶我進森林，他答應了，於是我們便搭上他的獨木舟。叢林在一堵石頭牆後，在牆的上方是咆哮的瀑布。阿拉肯熟練地將獨木舟划向平靜的水域，之後我們在岩岸停靠，這段河岸是一整塊大岩石的一部分，阿拉肯帶我們穿過的森林座落在這塊岩石上。我們發現自己身處在最美麗的林間空地，裡面有綠色的蕨類和苔蘚，小小的溪水從石頭縫隙中潺潺流過。我在一枝滿是苔蘚的枝條上，發現了一株華塞維奇克勞威西亞蘭（*Clowesia warczewitzii*），這種蘭花已經有80年沒有被植物學家發現了。

　　在印第烏斯瀑布附近已經沒有什麼好留戀的了，我繼續往下游探索。在途中，非常幸運的發現一株盛開著藍色花朵的藍花雅蘭。在離開新埃斯佩蘭薩（Nova Esperança）後不久，我注意到一條大蛇正在游泳過河，牠一看到汽艇便迎面而來，準備好來場對戰，當牠更靠近時，我認出這是條處於攻擊狀態下的蝮蛇科蛇類，但船首看起來是如此的無懈可擊，於是這隻蛇便改變了方向，往白色的河灘游去，蜿蜒爬進沙地並消失在灌木叢中。這種南美巨蝮蛇（*Lachesis muta*）通常具攻擊性，再加上牠極長的身軀（可長達4公尺半）結合大量的致命毒液，使牠成為一名危險的對手。

　　遙遠的德米尼山（Serra de Demini）出現在東邊。一些樹木開花了，有粉紅色和白色花的蓮玉蕊屬植物、淡紫色的風鈴木（Pau d'arco）以及花朵從玫瑰色到白色的纏勒植物書帶木，此刻我們驀然感受到春天已悄悄降臨。

犰狳　（Tatu）

華塞維奇克勞威西亞蘭（*Clowesia warczewitzii*）▶

Clowesia warczewitzii L.Dl.
Rio Aracá, Rio Negro, Am.
April, 1971

Margaret Mee

Margaret Mee
September, 1975

Mormodes amazonicum LDL.
Urucará, Amazonas

第七章

沿毛埃斯河生長的
五彩鳳梨屬植物

1971 年

　　我的植物讓我忙碌了好幾個月。接著，出乎意料地，我收到了一份令人感到非常愉悅的驚喜，在亞馬遜國家研究院的資深植物學家，威廉·洛德里格博士（Dr. William Rodrigues）的推薦下，我獲得了古根海姆獎學金，且當時所申請的專題被批准了！有了獎金的慷慨資助，使得我獲得好幾趟能造訪亞馬遜流域新區域的機會。我選擇了在亞馬遜流域下游瑪瑙斯以東的毛埃斯河（Rio Maués）。

　　與大多的客船情況相同，從瑪瑙斯出發的船由於乘客超載、負荷過重，在過去曾造成多次的災難。

　　晚餐端上來甲板長桌後不久，黑暗便籠罩了河邊的景色，經過伊瓦岔流（Paraná da Eva）時，我們進入了淺水區，在船上的強燈照射下，閃耀著鱗光的魚群在河裡悠游、跳躍。

　　尚未破曉我就醒了，此時正航向拉莫斯岔流（Paraná do Ramos），從理查·斯普魯斯的時代開始，這條河就以群飛如雲的蚊子聞名。這裡的風景十分經典：高聳的吉貝木棉突兀地矗立在一群大葉子的號角樹屬植物中，紅果番木棉上掛著大顆的緋紅色果莢，莢中滿是木棉纖維；逸瓣檀屬植物

美洲蛇鵜（Carará），又稱蛇鳥。

◀ 喇叭唇飛燕蘭（*Mormodes buccinator*）

羽毛般的葉子低垂在河岸的上空。居住在河邊的居民栽種著酪梨、檸檬等多數外來的樹種，由於洪水氾濫的範圍曾經特別廣泛，因此這些樹豎立著死去、枯萎，而且水位直到 9 月依然很高。幾株病懨懨的巴西橡膠樹（*Hevea brasiliensis*）排列在沖刷後的泥岸，幾隻瘦骨如柴的小牛在小屋旁的小草地上吃草，或是倚站在木筏上垂著頭。許多小屋似乎已荒廢一段時間。遠方的森林模糊不清。

我抵達毛埃斯（Maués）的時機點不大對，因為這座小鎮就像汽艇般人滿為患，旅館完全沒有空房。

所幸，聖心女子修道院（Convent of the Sacred Heart）有一所附屬學校，當時的學生們正值假期，院方便體貼地讓我在一間教室落腳。在那裡，我可以掛起吊床，在踏上毛埃斯河的旅程前享受幾個平靜的夜晚。

我僱了一艘船和船員，當我們沿著毛埃斯河溯流而上時，隨著河面的寬度超過 3 公里，在兩側河岸邊排列的森林變得越來越遠。在這廣闊的河面上，數百隻的美洲蛇鵜（Mergulha）（一種大型潛水鳥）正在獵捕魚兒，當船隻靠近時，牠們有的完全消失在水中，有的僅把頭探出水面，看著我們的航行路線，深藏在河中光禿禿的樹林充滿了這些迷人的生物。

那天下午，我們到達阿爾比諾支流（Igarapé do Albino），那裡有個人在釣魚，且釣到了一條眼點麗魚（Tucunaré），牠黑色的身體有著金色斑點和略黑條紋，美麗到讓人捨不得吃。我也在這裡發現了一株顯眼的鳳梨科植物，有著由 6 個輻射穗狀花序所組成的長花序，它的花朵已經乾枯，果實正在形成中，值得 6 個月後再回來一趟，到時會是個花朵盛開的時刻。

9 月的水位還很高。

Neoregelia eleutheropetala (Ule)
L.B.Smith
Amazonas, Rio Urupadi
Nov. 1971

Margaret Mee

　　一天清晨，我正躺在吊床上，聽到維拉普魯鳥（Uirupuru）[1] 發出極為悅耳的歌聲，牠是鶇鶇的近親，但是羽毛顏色比較深。不幸的是，這裡的人們迷信擁有這種鳥的軀體會帶來好運，導致許多鳥兒被捕殺後，送到市場販售。牠的歌聲持續了好幾分鐘，婉轉悠揚、美妙無比。據說森林的生物聽到此歌聲會全神貫注的聆聽，之後便跟著鳥兒進入叢林的深處。

　　在烏魯帕迪河（Rio Urupadi）的河岸，我發現了一些可愛的蘭花，包含擬紫羅蘭（*Ionopsis utricularioides*）和亞馬遜飛燕蘭（*Mormodes amazonica*）[2]，也激起了我繼續探索其他支流，特別是阿莫耶納河（Rio Amoena），因為有人告訴我，在它的源頭有座瀑布，所以對那邊懷抱期望。

　　隔天傍晚，我們經過阿科阿拉河（Rio Acoará）河口最美麗的氾濫森林，我在那裡見到落日的餘暉。多年下來，水和風已將每一株樹木塑造成精美的雕塑品，當小船經過時，所濺起的水花會輕輕地拍打著它們的周圍，並穿越枝幹，因此在它們之中，有許多是中空的，就像是只剩下一層空殼。

　　在我們抵達毛埃斯的前一天，我和本托（Bento）一起進行最後一次的植物採集。那是一趟成功的外出經驗，因為我發現了一株極美的鳳梨科植物，粉心五彩鳳梨（*Neoregalia eleutheropetala*）[3]，它豔麗的緋紅色蓮座狀葉融合了橄欖綠，中心是從紫色到白色的小花。

　　回到毛埃斯，我接受了一位老人的提議，與他一同在森林裡待上一天，他的名字叫雷蒙多（Raimundo），曾是位獵人。然而這趟旅程令我感到沮喪，因為數英里的森林已被摧殘，燒毀的巨樹矗立在不毛的土地上，被火燒黑的樹幹留下白色的傷痕。

　　在一天的尾聲，老人說了一段讓他最後對打獵反感的經歷，這才稍微提振了我的精神。當我們走近一棵橫在路中間的巨樹時，他停下來說出曾經在這棵樹下遇到一隻美洲豹，當時他進退兩難，只能既恐懼又茫然地站在原地。那隻美洲豹懶洋洋地伸著懶腰，看著他，眼神完全沒有敵意，因此他鼓起勇氣，用安撫的語調承諾絕不會傷害牠，但請求牠讓他走過這條路回家，那隻美洲豹溫柔地起身，緩緩地伸展，打了個呵欠，靜靜地走入森林。

　　隔天清晨，我們乘坐著神父的汽艇前往馬拉烏河（Rio Marau），天色看起來將會有一場暴風雨，就在我們要轉進烏魯帕迪河時，一道白色的雨幕掃向我們，包圍了一切，所有東西都變得模糊不清。

　　最終，我們抵達了目的地—印第安檢查站，那裡有幾位印第安人正在等我們，有探險隊的奧托醫生（Dr. Otto）和其他搭乘瘧疾服務中心汽艇前來的人員。我們坐上小小的唐娜羅莎號（Dona Rosa），它將載著我們沿著狹窄的馬拉烏河前往納扎雷（Nazaré）。

註1：是一種很會唱歌的小型禽鳥，為鶇鶇的親戚。
註2：現今使用的學名為 *Mormodes buccinator*，中文名稱為喇叭唇飛燕蘭。
註3：現今使用的學名為 *Hylaeaicum eleutheropetalum*。

Ionopsis utricularioides (Sw.) Lindl.
Rio Kumina-Mirim, Pará

Margaret Mee
August, 1984

平靜的馬拉烏河停泊處。

　　唐娜羅莎號真是一艘噪音製造機，它的馬達時不時發出可怕的爆裂聲響，船舵也不時的在各種情況下失靈，導致我們停在氾濫森林的深處，並撞上樹林。不過航行時，河道風景變得越來越美，我們繞著狹窄彎曲的航道，拂開森林中樹木的葉子，接著沒入一座迂迴曲折樹林中的氾濫森林，有許多中空的樹殼，接著在一座邊緣被賈拉棕櫚環繞的森林，藍色的小型棕櫚覆蓋著水面，就像是一座由蕨類鋪地的多刺茂密灌叢。

　　陡峭的白色沙灘通往一群小屋，這些小屋形成了納扎雷的定居點，那裡有間由竹子和棕櫚葉所蓋成的樸素教堂。

　　我在神父的屋子裡掛起吊床，屋內寬敞並浸潤著乾燥棕櫚葉怡人的香氣。當奧托醫生和瘧疾服務中心的員工為村民看診時，我正在黑水中游泳，由於害怕湍急的水流，便和兩位年輕的印第安男孩，吉爾伯托（Gilberto）與弗朗西斯科（Francisco）搭上獨木舟前往採集。吉爾伯托以驚人的敏捷性爬進樹裡，並從一枝原本還擔心會與他一起掉下來的腐朽樹枝上，丟下一株我從遠處看到的奇怪鳳梨科植物。它的外型就像是希臘雙耳瓶，從它紅色的基部，葉片急轉折回，葉形呈劍形，葉緣深鋸齒狀帶有黑色的刺。這株植物並沒有開花，但我毫無疑問地認為這是一個新的物種，後來證實的確如此，它被命名為多花蜻蜓鳳梨（*Aechmea polyantha*）。

Aechmea polyantha Pereira & Reitz
Rio Manaú, Chaves, Amazonas

Margaret Mee
January, 1973

Catasetum punctatum Rolfe
Amazonas, Rio Mamori

Margaret Mee
July. 1974

第八章

馬莫里河和馬拉烏河沿岸的蘭花

1972 年

　　我從古根海姆獎學金所資助的第一趟旅程回來後，決定下一趟要前往亞馬遜流域的新地區。大概過了 6 個月，在 1972 年的 3 月中旬，我離家搭乘清晨的班機前往瑪瑙斯，打算從那裡前往奧塔濟斯（Autazes）的港口，該處是幾條令人感興趣的河流匯集點。此行的其中一項任務是查訪並報導違反森林法的行為，以及獵捕、砍伐樹木等情況，但我也決定要繼續採集植物並畫下它們。

　　我約好與賽維里諾（Severino）見面，希望他能在這趟旅程裡擔任駕駛。我曾在亞馬遜國家研究院的船塢打探能否購買一艘獨木舟，那裡的人向我推薦賽維里諾。據說他是一位優秀、值得信任的導航員，但是他遲到 2 個小時才出現，感覺不太可靠，而且他已經 70 歲了，我開始懷疑他能否勝任。聊過之後，我決定接受他，讓他也加入了這趟旅行。

　　在抵達瑪瑙斯的 6 天後，我得知亞馬遜國家研究院的公寓有一間空房。這消息簡直棒透了！還有另一則好消息是我能擁有一艘美麗的獨木舟，船長為 9 公尺、寬 1.5 公尺，狀態極佳。船上的空間寬敞，六馬力的舷外引擎以穩定的速度在浪中輕鬆前行，而唯一的問題是沒有遮雨棚，我希望能在奧塔濟斯獲得一頂。4 天後，賽維里諾和我起程了。

　　我們終於抵達奧塔濟斯，由於船隻沒有遮雨棚，皮膚連日的風吹日曬，加上大風總是把頭上的草帽吹起，曝露出臉的下半部，使我看起來就像是一條帶鱗的魚，所以到了當地就找了一名工匠為船隻建造遮雨棚，以解決遮風擋雨的問題。

◀ 點紋瓢唇蘭（*Catasetum punctatum*）

　　在奧塔濟斯當地或周邊的植被狀況不佳，有很多區域已被砍伐殆盡並焚燒。遮雨棚總算送來了，尺寸大到像是一間房子的屋頂，外觀帶著美麗清新的綠色。賽維里諾與兩位男士把棚子裝上獨木舟，看起來棒極了！

　　隔天一早，我們離開了奧塔濟斯並航向奧圖茲 - 米里姆河（Rio Autuz-Mirim），這是一條平淡無趣的河流，途中會經過馬迪里尼亞河（Rio Madeirinha），繼續前往馬莫里河（Rio Mamori）。

　　進到馬莫里河時，開始下起了毛毛雨，我用哥倫比亞式的羊毛雨披將自己的身體包裹起來，努力保暖。隨著氣溫逐漸升高，也能看到樹上有趣的植物了，我隱約見到在對面河岸的巨樹上有一株像是奇唇蘭屬植物（*Stanhopea*）。靠近一看，我能夠分辨出它白色垂墜的花朵襯在大量的深色葉子上，但它所在的位置似乎遙不可及，還好我發現有一座由大葉書帶木（Apui）的根形成的天然梯子，一路通到這一大叢植物。賽維里諾鉤下一株開著花的植株，看著這燦爛的開花景象，他實在忍不住採下了整叢植物。想到我們沿河岸所見許多人為破壞的跡象，但願這些植物還能持續生長更久，讓空氣充滿怡人的芬芳。

　　對植物採集者而言，馬莫里河的確是一塊寶地，在那裡我發現了許多蘭花，像是瓢唇蘭屬植物和樹蘭屬植物，只是它們的根部有火蟻，讓賽維里諾和我因此吃了不少苦頭！

伊瓦格樹蘭（*Epidendrum ibaguense*）

我的船在馬莫里河上。

　　隔天早上穿過河流抵達對岸，我注意到一叢亮黃色的花朵，越是接近這些花朵時，我就越是興奮，觀察著它們非凡的外表，我意識到這是我第一次見到這種植物。雖然曾在之前的旅行裡，見過同屬紫葳科的多種藤蔓植物，由於正值 6 月期間，已有好幾種植物進入花季，主要是粉紅色和紫色，這些喇叭狀的花朵隨著水流順勢而下，但是這個物種有別於其他種類，它開著引人注目的黃色大花。這株蔓藤植物纏在一些喬木上，很難把它木質的莖與周圍的植物分開，花所在的高度也令人乾著急。當我解開那些蔓藤時，花朵如黃金雨般落下，我們繼續往上游前進時，我就坐在船上畫著這株植物，因為蔓藤植物的花朵脆弱且花期短暫。

　　這個區域有一些令人驚豔的鳥類，像是帶紅色與藍色的金剛鸚鵡、其他種類的鸚鵡、酋長鸝以及一種帶紅色與黑色的鳥，就像是北美紅雀（Cardinal）。除此之外還有其他的鳥類，但這樣的景象只能在原始森林中見到，而在我們所經過慘遭摧殘的荒蕪土地就看不到了，那裡散布著小屋、大罐子和大桶子，我想是人們在那裡探勘石油。

馬拉烏河

我回到了瑪瑙斯，並從那裡出發，再次造訪毛埃斯與其周圍的水域。在等待啟程時，我有個機會到附近的塔拉馬辛諾（Taramãsinho）的氾濫森林採集，在那裡發現了一些不平凡的植物，包含我曾畫過的鞭葉蘭（*Scuticaria steeli*）、樹蘭屬植物、撫稚蘭屬植物以及蔓綠絨屬植物。

在離開瑪瑙斯時，刮起了暴風雨，簡直是一場惡夢。旅程的第 2 天抵達毛埃斯，恰巧是我的生日。如果不是一位坐在獨木舟上的印第安人協助，我們應該還找不到前往馬拉烏河的路。幾天後，穿過了一片風景秀麗的氾濫森林，那裡滿是我想要採集的鳳梨科植物，我們在中午抵達了納扎雷。

鞭葉蘭（*Scuticaria steeli*）

異色瓢唇蘭（*Catasetum discolor*）▶

　　隔天一早，船上已滿載了我不認識的鳳梨科植物，包含了一株正在開花的美麗的蜻蜓鳳梨。多虧了本托的幫忙，他游到這株植物所附生的樹旁，且這一大叢植物就長在靠近河面的杈枝上。在游泳時，他用嘴銜著我那把鋒利的採集刀，靈活地爬上樹後，用刀尖靈巧地挑掉那些大蜘蛛和蠍子，然後開始劈砍那堅硬且木質的樹根。在砍下第一刀後，兇狠的螞蟻大軍便蜂擁而至，我大喊要他別砍了，因為我知道被這些螞蟻螫到會有多痛苦，但他泰然的笑了笑，繼續劈砍，直到他無法忍受這些痛楚後，便跳入河中洗去那些螞蟻，之後回到樹上為我帶回了 2 株植物，其中一株正盛開著花朵。

　　在氾濫森林較為開闊的一側，有棵高高聳起壯觀的風鈴木，樹冠上有一大片紫花。在白色樹幹的頂端是 2 大棵鳳梨科植物，在它們雙耳瓶狀的葉片間，出現了珊瑚色的花序。這植物的位置實在太高了，僅藉由攀爬是無法接近的，因為在此樹冠前並沒有其他樹枝。我在觸手可及的位置尋找，找到了 3 株沒有開花的植株。這裡有許多可以採集的植物，是我見過最少人為干擾且擁有最多附生植物的氾濫森林之一。在那裡，賈拉棕櫚生長在風鈴木和巨大的闊葉樹間。當我們在那邊時，一位印第安人划著他的獨木舟前來，給我一株有趣的異色瓢唇蘭（*Catasetum discolor*），它的唇瓣帶有條紋。

　　晚上，我們在附近一個隱蔽的地方掛起吊床，貓頭鷹在我身旁的樹上啼叫，可以聽到牠們在森林裡的伴侶從遠處回應。隔天早晨繼續累積已是為數眾多的採集，我又發現了瓢唇蘭和其他蘭花，包含了帶有數朵藍花，可愛的流蘇雅蘭（*Aganisia coerulea*）[1]。

　　到了我們該回去毛埃斯的時候了。抵達時，教堂裡已住滿了人，於是我便住在來訪的瘧疾服務中心的小艇上。

　　這個區域的河水非常骯髒，有死老鼠和其他「東西」漂在水面上難以分辨。太陽炙熱，本托花了一個上午清洗與整理所採集的植物，整理好後必須趕緊移到棚內的遮陰處。酷熱的天氣讓我昏昏欲睡，但我發覺河水所散發的氣味能幫助我保持清醒。

註 1：現今使用的學名為 *Aganisia fimbriata*。

南美浣熊（Quati）

隔天，我收拾好行李搭上的客船，並把我的獨木舟拖在船後，前往瑪瑙斯。在一片沼澤草地上，我們看到一些令人興奮的植物：一株開紅花的赫蕉屬植物、一株漂亮紫羅蘭色的馬鞭草屬植物（*Verbena*）纏繞著一大棵開著白花的紅果番木棉，但整座森林卻像是幽靈般的存在，巨木已在水中腐爛多年。現在一棵巨樹也看不到了，這些破壞似乎只帶來了幾間淒涼的小屋，其中有好幾間已是棄屋。

在旅程的尾聲，船長同意讓我在亞馬遜國家研究院的浮動繫船處下船。留在亞馬遜國家研究院的幾天後，我搬到了聖傑拉爾多女子修道院（Convento do São Geraldo Precessimo Sangue），那裡有一間可愛的小套房，靜謐且與世隔絕，而最重要的是，非常適合作畫。

巴賽洛斯和塔普魯夸拉

安排好我的植物空運到里約熱內盧的植物園後，當我與瘧疾服務中心的負責人聊天時，他告訴我有一艘服務中心的小船隔天將前往巴賽洛斯。於是便安排瘧疾服務中心的船在國家研究院的浮動繫船處接我，然後載我到巴賽洛斯。他們會把我留在那裡 10 天，期間他們將在那一帶工作，接著我再隨著瘧疾服務中心的團隊前往塔普魯夸拉。

唯有親眼目睹才敢相信內格羅河岸旁的破壞情況到了何等程度。在大範圍焚燒殆盡的田野裡，小型定居點的居民什麼也種不出來，或是只種出少得可憐的樹薯。有人曾和我說此地的瘧疾幾乎絕跡，但事實上瘧疾肆虐更勝以往。森林裡的樹木幾乎被砍光，玫樟（Pau rosa）也幾乎滅絕，只能在距離夠遠，難以開發的河流源頭處找到。甚至樟科樹木，如亞馬遜熱美樟（Itáuba）[1]，即使到亞馬遜上游夸里（Coari）一帶也都消失不見了，當這些和其他物種不復存在時，將會發生什麼事？未來會是如何？

我們乘著船隆隆作響地沿著內格羅河逆流而上時，在狂風暴雨中邂逅了一隻美麗的巨嘴鳥。過了不久，我遇到了蘭花獵人阿道夫・里希特（Adolfo Richter）正坐在他的灰色獨木舟上，身穿灰色的連帽雨衣，抽著菸斗，嚴肅且全神貫注地向上看著樹林，因此並沒有聽到我的呼喚。他彷彿是置身在夢境裡，全身都籠罩在河上的薄霧之中。

我發覺白天沒能見到幾隻鳥兒，但當傍晚將至便看到成群的鸚鵡和其他鳥類。隨著天色越來越暗，不做聲響的歐夜鷹在水面上低飛，獵捕昆蟲時絲毫不懼怕船隻。

我們穿過這輩子以來見過最廣闊的氾濫森林，無垠無涯不見盡頭。這一大片水域點綴著許多小島，這些小島常是怪奇扭曲的樹木，樹上圍繞著一團團纏繞生長的植物，且樹幹上披著白色地衣。我們緩慢地越過這些小島，經過幾區龐大且陰暗的樹林，但卻沒看到什麼附生植物，可能是因為河水非常頻繁地沖刷這個區域。

註 1：為亞馬遜熱美樟（*Mezilaurus ita-uba*）的葡萄牙文俗名，是製作獨木舟的最佳木材。

Heliconia chartacea Lane ex Barreiro
cult: Rio de Janeiro,
Sítio Burle Marx
Proc: Venezuela (Amazonas)
1975

當我們經過考雷斯河（Rio Caurés）時，見到了一大叢的紫紋嘉德麗亞蘭，不禁想像著回程時該會採到多少植物啊！駕駛員估計我們將在晚上 9 點抵達巴賽洛斯。當時在巴賽洛斯和塔普魯夸拉的瘧疾疫情嚴峻，瘧疾服務中心的汽船駕駛員納札雷尼（Nazarene）警告我要格外小心。納札雷尼為了我前往庫尤尼河（Rio Cuini）的旅行，在塔普魯夸拉找了一位優秀的嚮導，名叫德奧林多（Deolindo）與他的助理雷蒙多（Raimundo）。這趟旅程將會花上 5~6 天的時間，沿著這條河岸幾乎沒有什麼住所。在航行的期間我注意到河岸旁的植被非常相似，直到最後的 2 天才有所變化，在庫尤尼河河口前我們進入了一座有著許多大樹的美好氾濫森林，我在那裡得到了這趟旅行中最棒的發現，包括鐵皮文心蘭（*Oncidium lanceanum*）[1]、一大株美麗的水塔花屬植物，在這植株上有 1 隻大青蛙、2 隻紅蠍子和好幾群發狂的螞蟻從裡面蜂擁而出。

這座氾濫森林裡沒幾隻鳥兒，我想這裡曾經被焚燒過。後來才了解到這裡綿延大面積的奇怪植被是由所謂的大燃燒（great Queimada）而造成。在 1925 年，因為氣溫酷熱而導致這個區域自燃，好幾個地方的植物都已燃燒殆盡，只有緊靠河岸的森林才能倖免於難。想必，人類會繼續竭盡所能地破壞自然。

從庫尤尼河返回的日期早於預期，主因是因為我找到一株紫紋嘉德麗亞蘭，這株美麗植物開著 4 朵完美的花朵，而且似乎是最後一棵還在開花的植株，完全找不到其它棵。這也讓我想到它如此完美的狀態，可能沒辦法維持到我把它畫下來的時候。回程的船上滿載著裝有植物的採集籃，好奇的蜂鳥前來盤旋在花朵的上方，成群的金剛鸚鵡在我們的頭上翱翔，還有許多開卡拉鸚哥（Curica）[2]和鸚鵡們，其中有一隻不尋常的鸚鵡有著黃色的身體和深綠色的翅膀；黃腰酋長鸝和冠擬棕鳥（Japú）把牠們所編織的長長的窩掛在較高的樹上，偶爾也能看到巨嘴鳥和黑色的鴨子。一隻公吼猴游泳橫渡河水，在穿越寬闊的水域後，將接近河岸，快要抵達水邊的一棵賈拉棕櫚時，德奧林多把身體探出船外，向外伸出他的手臂，抓住這隻可憐的動物，牠的臉上充滿了害怕與絕望。我嚴厲命令他放走這隻吼猴，同時讓雷蒙多開船，但要他開的慢些，之後我便欣喜地望著這隻動物，牠疲憊地跛行，抓住棕櫚樹的樹幹後，緩慢地用疲累的四肢往上爬，穿過氾濫森林的樹叢，走到安全的地點。牠的毛皮是一種華麗的栗子色。

在回到巴賽洛斯後，除了準備下一趟旅程之外，我專心地作畫。下一趟旅程，將會乘坐瘧疾服務中心的汽船前往塔普魯夸拉，且我的獨木舟會拖在汽船後面。

一整天，我們穿越過最美麗的森林，自聖多美（São Tomé）向外延伸到約 40 公里的範圍。在這美麗的河岸對面有座長型小島，兩者之間形成了狹窄的水道「巴拉那（paraná）」，島上加瓦里星果椰與闊葉林混雜生長。陸地上似乎以落囊花屬植物（*Erisma*）為主，當地人稱之為「馬庫庫奇紐（macucuzinho）」，這種樹非常巨大，高高挺立在深水中，這個區域的風景如此壯麗，因此我決定在回到瑪瑙斯後，就向巴西林業發展研究院（IBDF）[3]提出請求，請他們考慮將此地設立為森林保護區。在靠近塔普魯夸拉的地方，大部分的大樹都被盜伐了。我們目睹失去成熟大樹的支持後，小樹因而倒下所造成的缺口和混亂生長情況。

註 1：現今使用的學名為 *Trichocentrum lanceanum*。
註 2：為派歐納西塔屬（*Pionopsitta*）的一種鸚鵡。
註 3：英文全名為 Institute of Brazilian Forestry Development。

Margaret Mee

Oncidium lanceana Lindl.
Amazonas 1975

我們在德拉河上沒有航行多遠。

　　我在塔普魯夸拉的時間似乎有一部分是用來與老朋友敘舊與回憶早期的旅程。納札雷尼幫我找了位嚮導，名叫李奧納多（Leonardo），是個塔利亞那印第安人（Tariana Indian），他僱用了一位名叫若昂（João）的年輕印第安人，來幫助他完成我計劃的河川之旅。德拉河（Rio Daraá）是個採集植物的好地方，在那邊主要的收穫是長在水邊的仙人掌，當時名為 *Strophocactus wittii*，現在的學名為 *Selenicereus wittii* [1]。還記得第一次看到這種植物是在離塔普魯夸拉不遠的地方，當時幫忙採集的男孩因為這植物有刺而沒有採下它。從河的中央遙望兩岸，我看到它閃亮的緋紅色葉子捉住太陽的最後一道光芒。我向住在森林裡的居民借了艘獨木舟，直接划進氾濫森林。在森林中，那株植物平貼在大樹的樹幹上生長，它那多變的大葉子看起來幾乎像是個轉印圖畫，而它的根從葉背下的葉脈長出來 [2]。在那裡也發現了正大肆盛開的藍花雅蘭與幾乎是全白的鞭葉蘭屬植物。

註 1：*Strophocactus wittii* 的分類歸屬一直有爭議，在瑪格麗特探險的年代（1956-1988）是此物種從 *Strophocactus wittii*（1913-1985）改成 *Selenicereus wittii*(1986-2002) 的時期，現在（2003- 迄今）學名又改回了 *Strophocactus wittii*。中文名稱為韋氏蛇鞭柱，或是月光仙人掌、亞馬遜抱樹仙人掌。

註 2：文中所描述的葉片其實是葉狀莖的構造，可參考後記中的說明。

馬莫里河的夕陽。

夜晚我睡在自己的獨木舟中，吊床捆在兩根柱子間，蚊帳掛在我的上方，而李奧納多和若昂在陡峭的河岸上找到了一間廢棄的小屋。夜裡只有戲水貪玩的淡水豚發出濺水聲與輕嘆聲，這裡平和的不可思議。

此時，船首已放滿了植物，不方便在船上自由走動。此外，我的大拇指和食指間還被子彈蟻（Tocandira）螫了一下，腫脹疼痛、令人難以忍受，但也只能怪我自己在採集時並沒有戴上手套。

隔天，我們調頭返回並前往烏魯巴斯河（Rio Urubaxi），在那裡很幸運的遇到一位願意賣獨木舟給我的男子，這樣我就能夠進入氾濫森林裡採集。這艘獨木舟很結實，做工很好，而且價格比我在巴賽洛斯看到的還要便宜，就算要用與其等重的黃金來交換都值得！我把所有的植物搬移到這艘船上，騰出空間存放從德拉河上購買的汽油。

在烏魯巴斯河採集是一件很美妙的事情，而且收穫令人滿意，其中包括生長在廢棄蟻巢上的五脈懸梗蘭。藍色的藍花雅蘭與淡色的鞭葉蘭屬植物在那裡頗為常見；鳳梨科植物的數量眾多，有許多蜻蜓鳳梨、彩葉鳳梨、擎天鳳梨（Guzmania）、多穗鳳梨（Araeococcus）以及水塔花屬植物。

河岸邊遍布著大量深色的曲葉矛櫚，在它們庇護下，一棵小樹深深的在水中扎根，結滿了櫻桃色的果實，黑色與綠色的果子掛在亮粉紅色的苞片下，令人回想起歐洲衛矛的果實，我在船上快速的畫下這一幕，接著也速寫了附近一株非常可愛開著紅花的書帶木。

河流兩岸壯觀的曲葉矛櫚所遭到的破壞簡直令人難以置信，人們不是爬到樹上砍下一串串的果實，而是把整株樹砍倒，造成這個物種正在逐漸滅絕，更糟糕的是，水面下漂浮著大量的樹幹，使得河上的船隻處境危險。在氾濫森林中，這樣的破壞已經造成了植被混亂無序的纏繞生長，還有河岸的侵蝕。不僅所有的最壯觀的棕櫚樹遭到破壞，還有許多闊葉林木也被盜伐，荒蕪的廢地上留下變黑的殘幹和燒毀的植被，這樣的破壞遍及了整條河流。在這片土地上人們沒有半點耕種，他們只是一味的榨取。

現在，我一大一小的獨木舟看起來就像是巴比倫的空中花園，因為採集的植物多到它們沒辦法全部容納進去。那株帶刺長在水邊的仙人掌被掛在大獨木舟的船簷上，它與看起來像是大燭台的彩葉鳳梨屬植物比鄰而居。李奧納多極富創意，他動手做了一個植物架放在大獨木舟上；我有次說到蘭花的根都被水浸濕了，沒過多久他就做出一個架子，而且與船甲板的輪廓完全吻合；他也用我的大張塑膠布做了一個捲簾，既能擋雨又能防蚊。

盤果賽金蓮（*Ouratea discophora*）▶

Margaret Mee

Ochna
Amazonas, Rio Jurubaxi, June, 1942

幾天之後，我和李奧納多、若昂一起從塔普魯夸拉動身前往瑪瑙斯。儘管一路上河水波濤洶湧，我還是採到一株非常燦爛的蓮玉蕊屬植物，並將它畫了下來。這株植物開著一朵極大的純白鮮花。

一天早上，由於波浪不斷地向船首襲來，實在不宜行船。我們等了一段頗長的時間，李奧納多決定暫時停泊休息，若昂和我就划著小獨木舟進入氾濫森林。當我們幾乎快到又黑又陰暗的樹林時，便傳出一陣巨大的響聲，我以為這一定是李奧納多敲著那艘大獨木舟的船緣，要引起我們的注意，叫我們趕快回去，但若昂只是一笑置之的說：「是吼猴罷了！」。原來就在我們的頭上，一群吼猴發出了震耳欲聾的怒吼聲，近到甚至可以聽出帶頭猴子所發出的嘶啞聲音。若昂帶著疑問的表情看看我，想知道我有沒有被嚇到、是不是要放棄採集？他告訴我，如果那群猴子們抗議我們的出現，可能會朝我們丟樹枝，甚至是往我們身上便溺！但我決定繼續採集，所幸也沒有帶來什麼傷害，而且我還找到了一種新的鳳梨科植物，它的外觀是精緻燭台的形狀，小杯子裡有著微小像是藍水晶般透明的小花。

長葉蜻蜓鳳梨有著細長的葉子，它們懸吊在矗立於河中的一棵大樹上。順著這些葉子看上去，我可以看到淡粉紅色的花朵，這一種植物的小花幾乎藏在葉子基部的葉筒裡。若昂爬上樹杈，挖出植物，並將植物扔到船上。我看到好幾隻黑色的蠍子從植物裡爬了出來，嚇了一大跳，大的那一隻還翹起了牠的尾部；約有 6 隻是公認有毒的蜈蚣，正在扭動著；至少有一打黑色的蟑螂，這也是有毒的，因為我記得自己曾在古里庫里亞里被這樣的一隻黑蟑螂咬過，還有數千隻發狂的螞蟻。我們花了好一段時間才把這一群小生物洗進河裡，但願這些植物裡的蟲子都移除乾淨了，因為它們在不久後會被送到里約熱內盧的植物園。

白天，在接近瑪瑙斯時，內格羅河的河水洶湧。當我們順流而下，航過阿納維利亞納斯群島（Arquipélago das Anavilhanas）進入寬闊的河面，這時浪潮翻攪著我的小船，有如一枚在水中飄蕩的軟木塞。一想到要離開心愛的內格羅河和亞馬遜森林，我就感到難過，但經過 3 個多月的野外旅行，已讓人疲倦不堪、面容憔悴。我的獨木舟此時就是像一座漂浮的森林，植物沿著船緣懸掛著，籃子裡塞滿了葉子和花朵，許多植物在這趟航行中已經開完花。前來採蜜的蜂鳥已經被遠遠地甩在船後，取而代之的是空中盤旋的禿鷹，牠們爭奪著垃圾的碎屑，而我們正在接近城市的喧囂與污染。

瑪格麗特折葉蘭（*Sobralia margaritae*）▶

Selvatica margaretae Pabst
Rio Urupadi, Amazonas
1974

Margaret Mee

Margaret Mee
August, 1981

Catasetum macrocarpum L. C. Rce
Amazonas

第九章

瑪瑙斯附近
的瓢唇蘭屬植物

1974-1975 年

　　小小的巴黎飯店（Hotel Paris）隱匿在瑪瑙斯的華金納布科大道（Avenida Joaquim Nabuco）緊鄰巴西國家印第安人基金會（FUNAI）[1] 總部。在這個城市遊蕩一圈後，我入住這家飯店。

　　儘管有些疲憊，我還是去和巴黎飯店的老闆卡皮沙巴（Capixaba）聊一聊，他以一貫友好的態度接待我。就在我坐下來喝一小杯黑咖啡時，有人送來一件英國航空公司的行李，我並沒有抬頭看著這位高個子的老闆，只是問他飯店裡是否有英國旅客入住？卡皮沙巴說有一位名叫克里斯托旺（Cristovão）的旅客，要去接他過來住。我看著登記旅客的簿子，驚訝地看到來自英國格洛斯特郡（Gloucestershire）的一位朋友的簽名。

　　年輕的克里斯多福（Christopher）心情有些低落，對於未能獲得前往內格羅河上游和沃佩斯河的許可證深感失望，不明白會被拒絕的原因，他希望能夠認識生活在那些河流區的印第安人，並領略壯麗的亞馬遜河風光。我向他解釋，最近有一些英國記者造訪過那個地區，他們所發表的文章和照片引來不滿，他很可能是因此被拒絕的。

　　這種情勢下，對我和克里斯多福都是個天賜的大好機會，克里斯多福欣然接受與我一同旅行的邀約。想起在格洛斯特郡認識他時，他的生活環境優渥、文雅，因此提醒他要有心理準備，這會是一趟艱苦的旅行。

　　幾天過後的一個下午，我們沿著亞馬遜河出發，一路航向安迪拉河（Rio Andirá）。河水平靜，預示著有個風平浪靜的夜晚。

　　那天從傍晚到夜間的天氣都好極了，滿天星斗，上弦月皎潔，水面如玻璃般的平靜。夜晚睡覺時一直有大船經過，我睡在船裡，其他人則睡在浮動繫船處。隔天，我們沿著伊瓦岔流航行，這是一條相當狹窄的水道，水上交通極為繁忙。

註 1：管理印第安人事務的政府單位，為印第安保護局 (SPI) 的後繼機構。

◀ 大果瓢唇蘭（*Catasetum macrocarpum*）（雄株）

　　我們繼續沿著極為漫長的拉莫斯岔流航行。動人的鳥兒出現了，這讓克里斯多福興奮極了！有金剛鸚鵡、其他種類的鸚鵡、美洲蛇鵜、蒼鷺和一種水鳥，我曾在齊默爾曼（Zimmerman）有關鳥類的著作上看過這種鳥的圖片，這裡有一大群，其中還有不少幼鳥，當我們的船經過時，牠們對著我們高聲大叫。河裡有數百隻淡水豚不時地躍出水面。

　　在巴來林亞（Barreirinha）的河港邊有一間天主教小教會與附設學校，我懇求在那裡留宿一晚，也詢問他們是否能推薦一位駕駛員，可以帶我們前往安迪拉河。馬諾埃爾（Manoel）雀屏中選，他是個體型嬌小且結實的印第安後裔，我非常同意這樣的人選。度過平靜的夜晚，我們在教會用過宵夜和早餐後，在上午 11 點半出發，教會裡的修女和一幫看熱鬧的群眾目送我們啟航。

　　當我在氾濫森林中採集好幾種瓢唇蘭屬植物時，被一隻蜂螫了一下，但卻沒有起任何發炎反應，我懷疑是不是因為被螫過許多次後，已經產生免疫力了？橫過寬廣的安迪拉湖（Lake of Andirá），我們遇到了「班澤羅（banzeiro）」[1]，這讓馬諾埃爾非常緊張，也因此失去許多採集物，我決定如果有機會必定要再來一次。過了土庫曼杜巴（Tucumanduba）後的氾濫森林，我很高興找到了大果瓢唇蘭（*Catasetum macrocarpum*）的雄株和雌株。這裡彷彿被施了魔法，河水平靜到難以分辨現實與幻境。

註 1：這是當地人對暴風雨之後的巨浪的稱呼。

大果瓢唇蘭（*Catasetum macrocarpum*）

Margaret Mee
July, 1981

Catasetum macrocarpum
L. C. Rich. (fem. form)
Amazonas

我們慢慢駛過亞馬遜這一區的水路，前往阿萊格里角（Ponta Alegre），希望能安然通過那邊的印第安檢查站，因為我們沒有帶需要的證明文件。最後，我們花了一個晚上的時間，在負責檢查站的青年達尼埃洛（Daniello）的堅持下，交出相機、左輪手槍等物品後才被放行。他是亞馬遜當地的人，因此與我所遇到的其他官員相比，他與部落的關係更好一些，不過住在那裡的印第安老酋長佛蘭卡（França）似乎又位高權重幾分。

經過莫隆戈圖巴（Molongotuba）之後，再往前一段路就是西蒙（Simão），那兒是一條蜿蜒流經平原的河流源頭，屬於酋長曼努埃爾（Manoel）的領地。曼努埃爾不同於大部分的部落族人，他講葡萄牙語。他帶我們到一間寬敞的祖傳長屋，在那裡克里斯多福和我坐在他的兩側，同時半數的村民也聚在一起，沿著牆圍坐成半圈面對著我們。與這群和氣的人交談時，酋長曼努埃爾充當翻譯。這些印第安人看起來與外界接觸甚少，他們彬彬有禮的模樣令人感到耳目一新。

回程時，夜晚在我們抵達阿萊格里角的 2 個小時前降臨，這是趟艱難的行程，但幸運的是，此時有一輪明月的幫忙。克里斯多福和曼努埃爾收到佛蘭卡的邀請，把他們的吊床安置在村莊裡的祖傳長屋，而我則睡在我的小船裡。清晨，和善的吉列梅爾（Guilherme）帶來一些植物，增加我的採集，其中包括一株鳳梨科植物，二型葉五彩鳳梨（*Neoregelia leviana*）[1]，這是一株非常漂亮的標本，外形有如以 5 個分枝組成的一座枝狀大燭台。

錢在這裡似乎是個稀有物，但我需要換錢給達尼埃洛，來支付吉列梅爾的服務費用。在村莊的郊區有間屬於一位商人的小店，他是個極度不友善的人，完全拒絕和我換錢，或許是因為他把一隻美洲豹貓的皮毛掛在牆上，並和其他森林動物的皮毛一起展示販賣，而他看到我以不贊同的目光瞄著這一張帶著美麗斑點的皮毛。

我曾對一座氾濫森林抱有極大期待，但我在那裡只發現了一株瓢唇蘭屬植物和幾株扭萼鳳梨屬植物（*Streptocalyx*）[2]。不過，在從西蒙回程時，經歷了那些磨難後，採集植物已經不再是心中最主要的事情了。一天傍晚，河面波濤洶湧，浪濤打在船尾上，獨木舟裡開始進水，我們把獨木舟的船頭和船尾繫在薩普卡亞（Sapucaia）河灣的固定物上，趕緊將船內的物品拖上岸。慢慢地，整條船逐漸沉下河面，嚴格說起來，這已經是一椿船難！所幸，曼努埃爾對於河流的知識和野外求生的經驗有如神助，因為他知道要如何讓獨木舟重新浮出水面。現在，我們又在前往巴來林亞的路上了，曼努埃爾像是一匹歸心似箭的馬兒，以不可阻擋的速度全速疾馳。

註 1：現今使用的學名為 *Hylaeaicum leviana*。
註 2：目前已無扭萼鳳梨屬（*Streptocalyx*），視為蜻蜓鳳梨屬（*Aechmea*）的異名。

二型葉五彩鳳梨（*Hylaeaicum leviana*）▶

Margaret Mee

Neoregelia (unclassified)
Proc. Amazonas, Rio
Uaupés   Dec. 1964
Neoregelia leviana L. B. Smith (1968)

穿過安迪拉河河口（Boca de Andirá）後，又碰上了壞天氣，颳起狂風，但我們順風而行，直到天色看起來過於危險，且伴隨著雷聲。由於擔心會再次發生船難，我們停泊在倒樹旁，有一間小屋的港邊，希望能待到風暴過去。直到小屋的主人駕船回來，我們才不得不離開，結果又遇上了另一場夾著大雨的狂風。就在風雨最大的時候，我看到了一株優美的瓢唇蘭，高高地在一棵大樹上開著花，而在它的前方是一片漂浮草堆的屏障。這時克里斯多福自告奮勇地自願去採下它，並試著避開那無法穿越的草堆，腰部以下陷入河床的淤泥，同時蚊子和螞蟻折磨著他，不久，他垂頭喪氣地敗陣而歸。於是，熟悉這類青草小島的曼努埃爾，他駕起了獨木舟，用船槳划出一條路徑，直到抵達了那棵樹，且那個位置剛好能夠碰到那一株蘭花，並用槳採下它，這是一株美麗的大果瓢唇蘭，而且我等不急要把它畫下來。

回到亞馬遜河的主流後，我們經過烏魯卡拉（Urucará）、聖塞巴斯蒂昂（São Sebastião）以及匯流入賈他普河（Rio Jatapu）的瓦圖芒河（Rio Uatumã）的河口，這是一段非常有趣而又無人居住的區域。船長和我說許多住在這邊的印第安人悲慘地死去了，而部落裡剩下的人也已離開此地，前往阿萊格里角。

在聖塞巴斯蒂昂，一位卡布克羅人坐上了我們的船，我們的對話轉而聊起了海牛與烏龜。海牛的確存在，但他和我說在岔流中已相當少見。這一種大型且不具防禦能力的哺乳類動物，每 2 年才懷胎一次，且一次只有一胎，由於小海牛全靠媽媽的乳汁維生，因此如果母海牛被捕捉，小海牛也活不下去。這位卡布克羅人說，這些動物的哭聲聽起來十分可憐，這也就賦予了海牛是偽裝的女人的傳說，以長期保護牠們免受獵人的殺害。這位知情者繼續說到，牠們被獵捕到幾乎滅絕的地步，且牠們的肉在市場裡自由買賣。使用魚叉和小刀的獵捕極為殘酷，這位卡布克羅人指著一位坐在河岸邊的人說他就是在獵捕海牛和烏龜，後者是用一條帶有鉤子的繩子來捕捉。看來他主要的獵捕區域是在經過烏魯布河（Rio Urubu）河口後，航行一小時水路的地方，那是一區河蕉芋密集生長的迷人河灣。我提出捕捉這些生物是違法的事情，但他和我說督察員從來沒有出現過，而且沒有人會在意這件事。他說，在聖塞巴斯蒂昂附近的河岸，漁民捕捉到將近 200 隻烏龜，儘管在他的管轄範圍內，是不允許使用繩鉤來獵捕這些生物。

我們經過了許多美麗的河口，放眼望去都是可能採集植物的地區，但在這之前，我們必須回到瑪瑙斯整理植物和裝備，才能考慮下一步的計畫。在經過這場冒險和最後兩週的災難後，回程十分順利，河水也相當平靜。

過了不到 6 個月，我又回到了瑪瑙斯，準備帶幾位英國的朋友參觀亞馬遜流域的一些地方，包括威斯敏斯特公爵夫人莎莉（Sally, Duchess of Westminster）與她的同伴麥可・塞爾（Michael Szell），他是一位傑出的織品設計師和裝飾設計師，以及著名建築師大衛・維克里（David Vickery）。他們來到巴西，想透過亞馬遜流域來體驗一場旅程，而且麥可想從熱帶植物中尋找靈感，並為他的植物蒐藏尋找蘭花。

羅德里格斯蜻蜓鳳梨（*Aechmea rodriguesiana*）▶

　　隔天的清晨，我在瑪瑙斯的港口接手了一艘向農業部租借的高檔汽船「雅拉瓜號」（Jaragua）。以我簡樸的標準來說，這艘汽艇的空間寬敞，稱得上豪華—因為我在旅行的時候總是「一切從簡」。不僅如此，為了我們的舒適和便利，還考慮周到地配備了各種物品，甚至還有 4 張吊床誘人地掛在甲板上。船艙內還設有床鋪，雖然說在亞馬遜我總是傾向睡在甲板上的吊床，聞著叢林的香味和河上純淨的空氣，還可以聽著夜鳥哀愁的曲調，以及在黑夜時刻變得更加神秘的森林之音。

　　農業部聘僱了「雅拉瓜號」的全體船員，對我而言，能有個廚師準備餐點，是個令人開心的改變，而且完全不用擔心燃料的採買與時不時得把水舀出船外的問題。我自己僱用了一名叫保羅（Paulo）的嚮導，儘管有一個這樣的名字，無論從外貌或者是性格來看，他都是一位道地的印第安人。他有著「森林好手」的好名聲，而且事實也證明的確如此，即使背著我那把沉重的砍刀，對他來說完全沒有難以攀爬的樹。

　　下午，離開了瑪瑙斯嘈雜的港口後，我們沿著寬闊的內格羅河向上游前行，往烏尼尼河（Rio Unini）的方向駛去，烏尼尼河是偉大的內格羅河的一條支流。航程大約花了 3 小時，我們抵達塔魯馬河（Rio Tarumã）的河口，當時，十九世紀理查·斯普魯斯周遊亞馬遜流域，這裡曾是敘述中

空間寬敞，稱得上豪華的「雅拉瓜號」汽船。

在烏尼尼河畔的氾濫森林邊。

的美景之一，在 1882 年，他所出版的《*Notes of a Botanist on the Amazon*》（暫譯：亞馬遜流域的植物學家筆記）一書中描述著壯麗參天的大樹和清澈的河水流過岩石傾瀉而下的美景。如今，我們所看到的是周圍大片的林地已毫無意義地被摧毀，在斯普魯斯筆下的巨木，可能本來可以活上好幾個世紀，但現在卻已消失殆盡，讓這個場景變得平淡無奇。我的同伴第一次來到亞馬遜流域，開心地想領略它的瑰麗風光，但卻見到如此哀痛的景象，實在令人悲哀。

　　儘管如此，隔天我們仍起得很早，熱切地準備前往烏尼尼河，當太陽一升起，河上的霧氣就慢慢散去，我們便繼續向上游航行。空氣新鮮涼爽，很適合划著船，沿著河灣與溪流上行，找尋著我們期望能見到的奇景。我們並沒有失望，因為在陽光灑下的一小片土地上，棲息著一隻大型的巨嘴鳥，有著黑紅兩色的羽毛，以及象牙色的脖子和鳥喙。受到驚嚇後，呼喚著牠的同伴，一同坐下抗議著我們這群闖入牠們領地的不速之客。

　　隔天中午，我們經過在內格羅河南側河岸的舊艾朗（Old Airão），它曾經是個聚居地，但現在這座古鎮僅存的遺跡是 3 座已成廢墟的 18 世紀建築。當我們經過時，船員告訴我，在 11 月分低水位時，海牛會在淺灘處孕育下一代，但卻會在此時遭到獵捕，這些無情的獵人不分青紅皂白地屠殺成年和幼年的海牛。一旦這種哺乳類動物在亞馬遜流域滅絕後，會造成非常嚴重的後果，因為牠們以水生植物為食，因此河流得以保持乾淨與清澈。令人高興的是，巴西亞馬遜國家研究院正在研究這種生物，希望能進而保育此物種。在經過舊艾朗後的半小時，我們抵達烏尼尼河的河口。

　　第二天，我們要面臨烏尼尼河的湍急河流，所以一大清早便去拜訪了有「急流守護者」之稱的雷蒙多（Raimundo），請他為我們領航，穿越這塊延綿數公里的水下巨大岩石。

　　我們在一座漆黑的森林邊上岸，那裡有許多帶著巧妙羅紋的參天大樹，如同哥德式的柱子。像繩索般粗大的藤蔓盤掛在其中一棵大樹的樹枝上，在這之間有條長約 2 公尺的蛇，垂吊在樹冠上，在彎曲的蔓藤背景中幾乎看不見牠銀綠色的身軀。在這隻大蛇的上空，盤旋著 2 隻鸚鵡，牠們發出憤怒的叫聲，顯然正在保護自己的幼鳥免遭荼毒。一隻啄木鳥無視身旁上演的鳥蛇大戰，大聲地啄著枯木尋找昆蟲。就在我們正想把一株蘭花從倒木上取下時，憤怒的黃蜂冒了出來，我們只好快速離去。

　　到了旅程的第 6 天，我們依然在烏尼尼河上，在森林和溫暖的水域中度過愉快的時光。經過阿納馬里河（Rio Anamari）的河口後，我們知道已經距離帕帕加尤河（Rio Papagaio）不遠了。問過一艘獨木舟上的幾位農民後，我們終於來到這條小河的入口。這條小河匯入一座廣闊的湖泊，儘管我們艱難地度過那裡的沼澤區，還是幾乎找不到能夠站在上面採集植物的穩固地面。就在我們掙扎著通過這片沼澤般濕軟的灌木林地時，意外地發現一隻樹懶，甚至幾乎可以摸到牠了，牠抱著一棵小樹的根部，像是正在睡覺，保羅試圖幫忙抱起這隻掙扎的樹懶，把牠帶了過來，以便我們能在更近的距離為牠拍照，但這可憐的動物掉進了水裡；保羅把牠從泥沼裡撈了起來，試著把牠放在一棵樹上，但這隻發懵的樹懶一屁股坐進水中，纏在一段樹枝上，牠小小的腦袋垂了下來，臉上掛著悲傷的微笑。我摸摸牠布滿菌絲和昆蟲的灰色粗皮毛後，讓牠繼續去做美夢了。

　　在入夜前，船員判斷這艘「雅拉瓜號」在這條溪流沒辦法繼續往上游行駛，因為我們的船太大了，他們把船停泊在一個小灣中。保羅划著獨木舟，把我們送到了一個地方，在那裡發現一些小蘭花和一大片鳳梨科植物，主要是剛毛蜻蜓鳳梨（Aechmea setigera）和托坎廷斯蜻蜓鳳梨，這 2 個物種都渾身帶刺，無法採集。

青天鳳梨（*Aechmea tillandsioides*）▶

Margaret Mee
1976

Aechmea tillandsioides (Mart ex. Schult.)
Amazonas, Rio Negro

在帕帕加尤河的植物應該極為豐富，但情況並非如此。各式各樣的鸚鵡的確非常多，一到黎明時分，引吭高歌的巨嘴鳥、酋長鸝和其他鳥類都紛紛加入鸚鵡家族的大合唱。夜晚也並不比白天安靜，因為青蛙一到天黑就開始演奏管弦樂。

在我們駛過帕帕加尤河的河口時，玫瑰粉色的淡水豚正在寬闊的烏尼尼河河面上嬉戲，牠們時而躍出水面，時而潛到水下，體型大的公豚向空中噴出水柱，頗富有生活樂趣。

看著這一幕，莎莉和麥可興奮雀躍地跳入河中，而我卻有些猶豫，因為我不久前曾坐在一艘小獨木舟被一隻粉紅色的淡水豚一路追進了氾濫森林。當時划船的男孩戒慎恐懼的告訴我，如果有人擅自闖入淡水豚的水域，牠就會以嬉戲或是憤怒的方式弄翻獨木舟。

駕著獨木舟，我們從這片陽光普照的區域進入了一個怪誕、死寂的世界，那裡的森林正在崩潰瓦解，殘存的樹木光禿禿地直立著，早已乾枯，有些黑色的地方是被火燒黑的枝幹，其他細枝白而腐朽。許多蘭花依然纏在搖搖欲墜的樹枝上，瓢唇蘭和盔藥蘭正開著花，但想採下位居高位的蘭花具有風險，所以保羅用長鉤子戳開枯枝，鬆開蘭花的根。不止一次，掉下來的不僅有植物，還有滿是木屑的大樹枝，差點打中我們和獨木舟。

充滿噪音、喧囂和污染的瑪瑙斯港口。

繁花盔藥蘭（*Galeandra dives*）

　　據當地人說，這座森林已泡在水中 2 年了，而不是往常的每年 6 個月，於是他們不再養牛，因為無處放牧。沉沒森林（várzea）[1] 的樹木已適應了常年下來的氣候模式，當氣候條件改變後，便逐漸腐壞了。這裡的人們將這次的災難歸罪於地球上的洞（fura da terra），而我們則認為是興建水壩的土木工程。在這趟旅程中，我看到了許多這樣腐爛的森林，從中所得到的結論是焚燒森林不僅會造成大範圍的破壞，還會對整個水系造成干擾。

註 1：位在河流的邊緣，受季節性白水（white water）淹沒。

在回程的路上，我們花了些時間躲避時常來襲的暴風雨，停留期間會在森林裡搜尋植物，或是在黑水裡游泳，在那裡時常會碰到灰色的大食人魚。就這樣，在抵達嘈雜、喧囂和污染的瑪瑙斯之前，我們過了一段輕鬆愉快的日子。

與旅伴們的離別不免令人感到悲傷，往後又只剩工作與我相伴了。不過我隨即又想到應該利用身處亞馬遜流域的這項優勢，做出前往烏魯卡拉的計畫，因為那裡的朋友曾邀請我前往拜訪。我曾經在前往亞馬遜河下游地區時路過烏魯卡拉，但從未在那裡採集過植物。這將會是沿著亞馬遜和席爾瓦岔流（Paraná da Silva）為期 2 天的旅程。

我們共同的朋友雷納爾多（Reinaldo）也收到邀約，於是我們一起穿過擁擠的人群，走向河邊的港口，在「帕林廷斯鎮號（Cidade do Parintins）」汽船上訂了船票，這條航線每週有 2 ～ 3 班航次。這艘船將在下午晚些時候啟航，但我們提前一小時到，並且立即在船上搭起了吊床，因為很快汽船上的旅客和貨物會越來越多。

我們在傾盆大雨中抵達烏魯卡拉，當時已經是中午了，大雨讓人無法看清楚整個村莊，此時東道主正帶著雨傘等候著我們。

往後的幾天，天氣有所好轉。我們乘坐裝有舷外引擎的鋁製獨木舟，前往迷人的地區。在一片沙質河灘上岸後，沿著獵人的小徑穿過森林，看到幾株引人注目的鳳梨科植物，中心是緋紅色，似乎是黑色大蠍子據守的堡壘。

在河灘上酷熱至極，所以盡量躲進氾濫森林中的陰涼處乘涼，而我們的東道主在那裡駕駛著獨木舟，穿過樹木纏繞生長的蜿蜒河道。蜂鳥在滿是花蜜的囊苞木屬植物（Norantea）上盤旋，這是種寄生的灌木，像是歐洲槲寄生，但花朵顏色更加鮮豔，帶著橘色和黃色，與藍色和櫻紅色的果實形成鮮明的對比。

當我走在氾濫森林的沙質河岸上，在淺灘的樹根之間，看到一條電鰻，在棕色河床的背景下很難分辨出來。這條電鰻幾乎靜止不動，只用尾鰭輕微擺動幾下，並用小而銳利的眼睛觀察著我。這種看似無害的電鰻，卻能產生出 600 伏特的電擊，在水裡足以使人致命。

去年，在離開瑪瑙斯之前，我曾安排工人為我的獨木舟重新上漆、翻新屋頂和其他多處的修繕。當時內心深處有些疑慮，回來後證明我的擔心是有道理的，因為自從那次之後就再也沒見過我的小船了。失去了這艘船無疑是一記重擊，因為就水上旅行來說，交通永遠都是主要的問題，擁有一艘自己的獨木舟代表著行動的自由，也能夠讓在採集和作畫時偷得幾分寧靜。

我向每個可能知道這艘船的人打聽消息，推測它可能在一次的暴風雨中沉沒了。過了一個月後，有人在港口近距離看過它，那位目擊者是根據木頭上所鑽的孔洞確定是我的船，那孔洞是用來掛

鳳梨（*Ananas comosus* var. *bracteatus*）

吊床的，因為我總是習慣在船上睡覺。後來又有人看到它航行在內格羅河上，儘管有這些線索，還是找不到它，但我仍抱著一絲希望，盼望能夠發現它的下落，或者至少會在哪一條河上看到它。

　　對我來說，失去第 4 艘船是場災難，和它一起丟失的還有我所有的旅行裝備，這讓當時的我完全失去了繼續旅行的希望。

Margaret Mee
August 1978

Nymphea rudgeana G.F.W.ch
Urucará, Lower Amazon

第十章

探尋失落的
藍色落囊花屬植物
和消失的考希河

1977年

巴西亞馬遜國家研究院在瑪瑙斯的總部座落於殘存森林的林蔭中，建築位於一個相對安靜的區域，距離瑪瑙斯城鎮有一定的距離。這裡體貼的研究院主任提供給我一間公寓，好讓我可以專心規劃前往亞馬遜流域的行程。這次旅行的目的地是茹法里河（Rio Jufari），我曾多次乘船駛過它的河口好幾次，一直盼望能深入探索。

我的工作常常被研究院內外各式各樣的動物打斷。一天，一群松鼠猴闖入了我公寓附近的樹，我用香蕉餵牠們，結果牠們便時常前來光顧。那段時間看到動物還包括無尾刺豚鼠、蜥蜴、野山羊、寶冠鳥，以及由一位員工所飼養的小小食蟻獸。

幾天後，那位來自研究院的朋友雷納爾多行駛在瑪瑙斯 - 波多韋柳（Manaus-Porto Velho）公路上，開了130公里抵達拉日斯支流（Igarapé das Lajés）。這條新路是場災難，至少在我們所行經的130公里中，森林遭到毀壞與隨之造成的侵蝕，道路的兩旁都是侵蝕地面所形成的懸崖峭壁。布雷多河（Rio Preto）過去必定是條可愛的河流，但挖出來的土堆卻被傾倒入河中或是堆放在河邊，就像大多數的支流一樣，它的河道被橫跨的公路攔腰截斷。在過去，大地是按照自然的規律流瀉，如今淤積的水形成了巨大的水塘，樹林在其中腐爛倒下，數千棵的樹木都以這樣的方式死去，導致這番悲涼的景象。

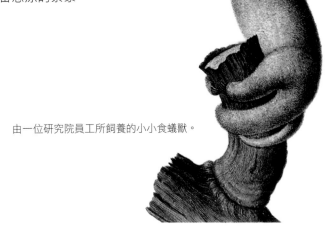

由一位研究院員工所飼養的小小食蟻獸。

◀ 魯吉娜睡蓮（*Nymphaea rudgeana*）

短苞蔓綠絨（*Philodendron brevispathum*） ▼ ▶

在蘇里摩希鵝掌芋（*Thaumatophyllum solimoesense*）的枝幹上有多種生長在氾濫森林裡的蘭花，也有地衣。

最後，我們抵達拉日斯支流，然而這裡呈現的是更加嚴重的破壞。顯然，在前幾個月，令人讚嘆的植物曾裝飾著這獨特的岩石層，包含一株開著白花的折葉蘭、瓢唇蘭屬植物、苦苣苔科植物以及一種罕見的蔓綠絨屬植物。但在築路的過程中，人們放火焚燒這個區域，鄰近大部分的森林也被噴灑了落葉劑。研究院試圖把這裡劃入森林保護區，但雷納爾多和我嚴重懷疑，假如以我們目睹的規模繼續破壞下去，還能留得住什麼值得保存的東西？

遠離遭到破壞的區域，我漫步在岩石間，遇見了一座令人嘆為觀止的岩石洞穴，裡面有多個洞窟，似乎是獵人過夜的地方。向外看出去，光線穿過原始林間枝葉茂盛的樹冠層，照耀著一座小湖周圍的沼澤植物。同時在不遠之處，一條黑色的河流流過植物繁盛的多刺茂密灌叢，那裡的許多植物正在開花，像是開著藍色花朵的蘭花—藍花雅蘭，鞭葉蘭的花正散發著怡人的芬芳、可愛的攀緣植物—短苞蔓綠絨（*Philodendron arcuatum*）[1] 著帶白色和粉紅斑點的佛焰苞，莖桿上覆蓋著的東西看起來就像森林動物的赤褐色皮毛。

我終於敲定前往茹法里河的行程安排。

註1：現今使用的學名為 *Philodendron brevispathum*。

Margaret Mee   Philodendron arcuatum Krause ex descr.
                                Near Manaus, Am. Oct. 1977

亞馬遜國家研究院把他們最小的那艘汽艇「皮溫號（Pium）」借給我，以及 3 位船員：駕駛阿達爾托（Adalto）、廚師保羅（Paulo）與植物採集員佩德羅（Pedro）。在這趟旅程裡，我希望能去阿納維利亞納斯採集群島上的植物，因為當河水上漲後，群島會沒入水中長達數個月。

沿著我最愛的內格羅河持續前行，河流的兩岸經歷過一場又一場的大火，現在幾乎已面目全非。距離我上次到訪才隔了 2 年的時間，岸上的大樹已消失殆盡，也見不到鳥兒，殘存的森林稀疏且貧瘠，破壞的速度之快，令人震驚！

我們在奎拉斯河（Rio Cuieras）河口的一間小屋旁停下船，我居然用十分公道的價格租到一艘獨木舟。天色已晚，我們無法繼續趕路，便決定留下來過夜，船員們用開卡拉鸚哥釣魚，無疑是想釣到一尾孔雀鱸來做晚餐。

隔天，在阿納維利亞納斯，佩德羅爬上了一棵腐朽的樹，採下一株韋氏蛇鞭柱，但它並沒有開花，它的花季已在好幾個月前結束了，我們花了好長的時間尋找晚開花的植株仍一無所獲，儘管如此，我還是找到了幾個帶著些葉子[1]的果實。我曾在 1967 和 1972 年發現到韋氏蛇鞭柱，那 2 次都是在更接近上游的地點，這是種非常引人注目的仙人掌，它一年有幾個月會沉沒在水下，但葉子卻不會腐爛。

我們繼續往茹法里河行駛，野生生物變得越來越豐富，也越來越有趣：飛舞的鸚鵡、大型的黑色野鴨、一隻羽色豔麗的翠鳥掠過水面捉魚，當我們路過時，巨嘴鳥從樹上飛起，因為牠們的長喙很容易辨識。薄暮時分，四周昏暗而沉靜，無數的歐夜鷹低低的飛過河面。

就在我們駛過雅瓦佩里河（Rio Jauaperi）河口，過了一小時又經過庫伯里岔流（Paraná de Cuperi）後，我看到一株根系裸露且乾枯的巨樹，只要河岸再繼續侵蝕下去，這棵巨樹就等著落入水中。讓人感到愉快的景象是一群牛鸝（Anú）[2]低空飛行，穿梭於植被之間，牠們靛藍色的羽毛在陽光下閃閃發光。美麗的紅果番木棉（Kapok）結果了，碩大的緋紅色果莢垂掛在大樹枝上。經過了弗雷斯塔岔流（Paraná de Floresta）後，緊接著的是加維昂岔流（Paraná de Gavião），那裡有一對翼展巨大的鸛鳥，從河上飛起，飛進了似乎還是原始林的茂密森林。

韋氏蛇鞭柱
（*Strophocactus wittii*）

茹法里河的河口就像是一座匯入內格羅河的巨大湖泊，那裡非常寬闊，沒有明顯的邊界，以至於我們花了很長的時間尋找茹法里河，接近傍晚才意識到，我們早已把它甩在身後。

註 1：文中所描述的葉片其實是葉狀莖的構造，可參考後記中的說明。
註 2：紫輝牛鸝，學名為 *Moluthrus bonairensis*。

Margaret Mee
November 1987

Clusia sp.
Alto Rio Negro, Am.

黑尾鸛 （Maguarf，也寫作 Maguari heron）

　　船行的時候，我興奮得喘不過氣來，眼前是一片原始的景象，沒有人居住，除了浩渺的水域和遠方的氾濫森林之外，別無其他。蒼鷺和巨嘴鳥們棲息在矮小的樹上，河上的 4 隻黑鴨似乎沒有注意到我們，便低空飛進了氾濫森林。在落日餘暉的照映下，氾濫森林整片呈現金色與綠色。一片精緻的小型棕櫚林沿著白色的沙質河灘生長。

　　當我們離開茹法里河進到內格羅河時，我採集了一些植物，又或者說是佩德羅採的。他爬上了看似高不可攀的樹，採到一些附生植物。我畫下一株有著扇狀不定根的樹，從它身上可以清楚看到河水位每年都在急劇上升。我在一株被砍離森林的樹上，發現了還活著的棒葉文心蘭，這棵樹漂浮在河面上，雖然這株文心蘭完全泡在水中，但仍長出花苞即將開花。

厚被章魚蘭
(*Prosthechea pachysepala*)

　　自我上次來到此地後，這裡遭受到廣泛的破壞，那時我在森林裡看到的捲尾猴顯然已經離開或是死去。我唯一希望能採到的植物是一株有趣的天南星科植物，但黃蜂在它身上安了家，在我試圖要採摘植物時，黃蜂一湧而出，我們只好落荒而逃。

　　我決定探索周圍的森林，於是一路航行到只能坐獨木舟才能進入的急流前。翻過岩石之後的旅程並沒有什麼收穫，且令人沮喪。我進入了森林，它的外圍有一排活著的樹，而接下來映入眼簾的景象令人吃驚：這是一個死域。那裡沒有半點綠色，尚未被沖刷與碎裂的樹木看起來病懨懨的，裂開的樹皮從樹幹上捲了起來，空氣中彌漫著一股奇怪的化學味。我們之前經過的森林充滿著新長的嫩芽和翠綠的葉子，但在這裡沒有一點再生的跡象。我臆測這個地區被噴灑了某種糟糕透頂的落葉劑。

氾濫森林。

尋找考希河和落囊花屬植物

返回瑪瑙斯後，我立即著手安排我和麗塔的旅行，她是我在 1959 年第一次旅行時的同伴。當時所計劃的行程是前往亞馬遜流域下游的考希河（Rio Cauhy），在那裡尋找一種叫做落囊花（*Erisma calcaratum*）的樹木，希望它會在那時候開花。1962 年，我曾在馬托格羅索州見到開著豔麗龍膽藍色花朵的樹冠，但當時無法採集，因為我所搭乘的卡車電池故障，駕駛不敢停車。我心心念念地想畫下這種植物，是因為受到巴西知名植物學者阿道夫·杜克的啟發，他曾於 1955 年在考希河沿線發現這種開著龍膽藍色花朵的美麗樹木。11 月是這種植物的花季，我暗自希望能夠親眼見到它。

麗塔和我在瑪瑙斯的港口登上開往烏魯卡拉的「科羅內爾·塞爾吉奧號（Colonel Sergio）」輪船。抵達後，我們所住的客房與主屋是分開的，座落在一片深色的老芒果樹叢中，樹上的果實吸引了好幾百隻嘈雜的鸚鵡。晚上，花園裡散發著一種開著星狀花的仙人掌的香氣，它的大小像一棵小樹。當早晨來臨時，花朵就會闔上，不再綻開，因為蝙蝠或是夜蛾已在夜間為它們傳過粉了。

喇叭唇飛燕蘭（*Mormodes buccinator*）　　　　　侏儒瓢唇蘭（*Catasetum gnomus*）

　　一天早上，我們靜靜地沿著塔拉夸河（Rio Taracuá）駕船而上，這時我們眼前出現一幅蔚為壯觀的鳥類景象，其中包括黃腰酋長鸝、擬椋鳥（Japo）、蒼鷺（Socco）、白鷺以及精緻的日鳽（Sunbittern）。在氾濫森林裡，砲彈樹（Cuia-de-macaco）和一種桑寄生科的寄生植物正在開花，那裡也有許多蜂鳥，在牠們之間我看到一隻從鳥喙到尾翼都是金屬藍色的蜂鳥。

　　塔波里河（Rio Taboari）河岸旁的樹林滿是蘭花，包含一株亮黃色的飛燕蘭和侏儒瓢唇蘭（*Catasetum gnomus*）。在那裡我們遇到一條正在修建的道路，其連接一區名叫卡斯塔尼亞爾（Castanhal）的小村落到另一區更小型的定居點馬拉雅（Marajá）。這條路穿越了我有生以來見過最壯麗的巨樹森林，許多樹木肯定存在於當年勇敢的科學家們探索亞馬遜森林的時代，包括馬蒂烏斯（Martius）、斯普魯斯以及貝茲等人。這條路顯然是住在此地的長官所修建的，因為他在馬拉雅有財產，而且據傳這條路將利於砍伐那裡的 9 株巨型紅柏木（Red Cedar）中的 7 株。這物種在亞馬遜流域已經接近滅絕，所以每一株都能賣到驚人的天價。

在靠近烏魯卡拉的地方，繁茂的森林邊有一座小湖，但它非常靠近遭到破壞的區域，很可能難逃斧砍火焚之劫。那裡充滿生機，深深佇立在水中的曲葉矛櫚上長著蔓藤和附生植物。魯吉娜睡蓮（Nymphea rudgeana）面向太陽開著它的白色花朵，且大群蜻蜓掠過湖上。

我們從烏魯卡拉航向帕林廷斯（Parintins），並在那裡登上一艘小型客輪，開始考希河之旅。一開始，我們在亞馬遜河上航行，前往法魯湖（Lago de Faro），所經之處風景如畫：河岸上有沙灘，遠處是樹木繁茂的高原和平原，住宅消失了，這個區域似乎沒有人居住。我們在其中一處的白色沙灘停了下來，作為採集的第一站，那裡的樹被風吹彎了，形成奇怪的形狀，我們就在這些扭曲的樹上採集植物。散發著甜香氣息的德文盔藥蘭緊抓在賈拉棕櫚層層纖維的樹幹上，帶有可怕棘刺的托坎廷斯蜻蜓鳳梨一簇簇地生長在闊葉樹上。當我們經過森林沿線時，每隔幾公里就可以看到許多滿是黃花的大株風鈴木，也在一區發現高聳入雲的球花森氏藤黃（Symphonia globulifera），這種藤黃科（Guttiferae）植物開著紅花覆蓋在伸展的樹冠。這裡有許多鳥類，且種類繁多。

我們徒然地尋找著考希河。在尼亞蒙達河（Rio Nhamundá）狹窄的河口周圍是迷人的氾濫森林，其中有許多小島，島上的矮樹幾乎被附在枝上的附生植物所覆蓋，這使得島群看上去更加錯綜複雜了。有著緋紅色葉片與花序的休伯納蜻蜓鳳梨（Aechmea huebneri）與一簇簇深綠色的蘭花（香蕉蘭屬植物，Schomburgkia）[1]，以及有著大葉片的花燭屬植物（Anthurium）生長在一起，紅色成為這個區域的代表色。

森林裡的景象逐漸變得越來越昏暗，因為那裡有許多加瓦里星果椰和帶著稜紋樹幹的樹木，它們高聳著如同哥德式圓柱一般；在它們的下方，逸瓣檀屬植物四處蔓延生長，它類似蕨類的葉子垂在河面上。

我們把船停靠在一個沙質河岬上。就在我上岸往前踏步時，差點兒踩到一隻小歐夜鷹，牠坐在幾片枯葉間的沙地上，斑駁的羽毛和喙鬚與周圍的環境完美融合，幾乎不會發現牠。看到如此可愛的生物後，我們接著發現這片河灘是名副其實的野生生物墓地，實在是令人觸目驚心。這裡到處是鱷魚頭骨、烏龜殼、水豚和其他大型動物的骨頭、雞鵑（Jacu）[2]、鳳冠鳥（Curassow）和其他雞形目（Galliforme）鳥類的黑色翅膀。河灘周圍全是狩獵瞭望台，都是用樹枝搭設的粗糙建築物，離地面約 6 英尺高，還有些則蓋在低矮的樹冠上。

我們沿著河順流而下，最後在一株倒下的樹幹旁停船，它身上附生著蘭花，包括一株瓢唇蘭，這是我第一次在此區域看到這種植物。我採集了一株很美的休伯納蜻蜓鳳梨，它看上去像是一棵在棕櫚樹上的珊瑚王冠。然而，在一棵大樹的枝杈上，我們看到了一株多花蜻蜓鳳梨，它的出現代表著這次旅程的高潮時刻來臨了！1971 年，我曾在烏魯帕迪河發現過它，當時它被描述為新種，此後就再也沒有人發現過。我滿懷激情地畫下它，直到天黑看不見為止。

註 1：現在這個屬已經不存在，屬內植物已經都被移到 Laelia、Myrmecophila 或 Pseudolaelia 等屬。
註 2：為雞鵑屬（Neomorphus）的鳥類。

Aechmea huebneri Harms
Amazonas, Rio Nhamundá   December 1977   Margaret Mee

德文盔藥蘭（*Galeandra devoniana*）

這趟旅行的最後幾天被我們都用來尋找藍色的落囊花屬植物。在多次探尋考希河的位置之後，我抱著最後的希望詢問尼亞蒙達唯一一間商店的老闆，這位老闆是這座城鎮的前任鎮長，他把我們介紹給他的朋友佩德羅（Pedro），這位先生提出要陪同我們前往考希河的發源地，但也聲明叫這個名字的河流已經不復存在了。我們坐船去了法魯（Faro），租了一輛汽車，雖然它經常拋錨，但最終還是把我們送到了一個已經廢棄的小型機場。在那裡，我們沿著一條崎嶇不平的小徑步行前往一塊被毀壞的地區，那裡曾是考希河的河道。阿道夫·杜克應該在九泉之下也不得安寧！除了零星的幾棵巴卡巴酒實椰子（Bacaba palm）外，其他一切的植物都被摧毀了。河流已經消失，而焚燒仍在這條河的舊址上持續著，一片小小的沼澤標示著先前的河床，難怪沒有人記得它的存在。而且，理所當然，那裡沒有落囊花屬植物。

隔天我們便啟程離開，先前往帕林廷斯，之後再去往瑪瑙斯。亞馬遜河的河水湍急地流著，我們經過亞馬遜河流上的一個貧民窟，那裡的景觀和居民狀況令人感到極度沮喪。這條河流的兩岸曾是繁茂的熱帶雨林，長著參天大樹，現在卻遭到如此侵蝕，以至於露出白色的黏土基層。隨處可見的殘存的森林，但也只剩下能供給居民水果的果樹，即使是巴西堅果（Castanhas-do-pará）和猴胡桃（Sapucaia）都看起來岌岌可危。

當我們駕船離開這片令人傷心的場景時，經過了「雨林中的迷宮渠道」（furos），那裡成對的黃色和橘色的金絲雀在河床的窟窿裡築巢。最為華貴的鷹高傲地站立在光禿禿的枯枝上，一動也不動，就連我們喧鬧的船隻來到眼前也依然不為所動。

我們在帕林廷斯坐上一艘前往烏魯卡拉的載客汽船。我記得曾經有一條法律禁止在河岸的100公尺內砍伐樹木，如果確實是這樣，而且人民遵守這項法條，這將能拯救多少亞馬遜流域的森林啊！又有多少河岸可以避免被侵蝕呢！

落囊花（*Erisma calcaratum*），
位於巴賽洛斯，又稱為「藍色落囊花」。

　　但事實並非如此，當我們離開烏魯卡拉，前往伊塔科提亞拉（Itacoatiara）時，環境的破壞未曾間斷，一切還能挽回嗎？目光所及的河岸都在崩塌，岸上的植物幾乎只有草，偶爾能看到一些可憐的豆科植物。那些生長在不穩定土塊上的草終將掉進河中漂走，並形成小小的草島，成為航運上的威脅。河岸上有人種植瓜類，但沒有採取任何保護它們的措施。儘管如此，含羞草還是努力地生存著，它們淡紫色的花朵和深色的葉子，快樂地生長在水面之下，甚至爬上岸來。這也許是改造河岸的其中一種方式？

Margaret Mee

Streptocalyx longifolia
Amazonas. Rio Negro
May, 1982

第十一章
阿納維利亞納斯群島上的
桑寄生科植物

1982年

自探尋藍色落囊花後，又過了 4 年半的時間。我搭乘巴西空軍的飛機，離開里約熱內盧的壯麗山脈和海景，前往瑪瑙斯。

機身之下是一片沼澤，一個深橄欖綠的夢幻世界，有些地方是零星的樹木，有些地方則是濃密的小樹叢，它們全都被水和沼澤包圍。我向下看著這片濃密的森林，它們妝點著部分的帕拉州。到處都是朦朧的線條，勾勒出一條隱藏的河道，毫無疑問，這龐大如銀色緞帶般的水流，穿過懸掛著綠色植物的神秘隧道。

我興高采烈地體會到仍有許多森林未遭荼毒。哪怕瑪瑙斯郊區的工廠正噴吐著濃煙，如此令人生厭的景色也未能完全澆熄我的熱情。在隨後的一次旅行，讓我見識到數英里大面積被毀壞的森林與人為造成的沙漠，這才從美妙的幻想中醒悟。

我的朋友吉爾伯托（Gilberto）借給我一間小房子，它位在可愛的內格羅河的河岸上，對面是剛剛宣布成立的阿納維利亞納斯生物保護區（Biological Reserve of Anavilhanas）。他的船能供我使用，也可以差遣船夫保羅（Paulo）。我與旅伴蘇．洛蘭（Sue Loram）跟保羅約好在瑪瑙斯碰面，蘇是巴西亞馬遜國家研究院的工作人員。

對於一位多年了解並熱愛內格羅河與其壯麗森林的人來說，在這一條河上航行的前幾個小時是一種折磨，因為地貌早已滄海桑田，所有的樹木不論大小全都蕩然無存，成為了鄰近莊園主人獻給殘酷的如魯帕里（Jurupari，意思為惡魔）的祭品，指的是那座木炭製造廠，它將亞馬遜雨林的美麗變成了燃料。然而，那些摧毀原始林地的人們開始發現，問題就像在荒蕪土地上恣意生長的毒草一樣快速生長，並會殺死牲畜。

◀ 長葉蜻蜓鳳梨（*Aechmea longifolia*）

137

經過 5 個小時後，我們來到阿納維利亞納斯群島，如迷宮般的森林群島，島上生長著壯觀的樹木和植物。大量的蔓綠絨屬植物覆蓋在老樹上，它們的氣根形成簾子；鳳梨科植物掛在枝條上，旁邊是曇花屬植物（*Phyllocactus*）[1] 緋紅的葉子。

日光開始漸漸消失，成群的鸚鵡飛過天空，朝著牠們在高聳大樹上的棲息處飛去，夜鷹（Secorro）靜靜地掠過水面，享受著無限量的昆蟲大餐。這時我們躺臥在小船的棚頂，看著太陽在森林後落下，把整個地平線染成一片金黃。即使太陽已從視野中消失，通紅的餘暉還掛在夜空的雲層中。內格羅河上的落日之美無與倫比。

到達目的地時，已經天黑了，我們赤腳上岸，跌跌撞撞地沿著一道青草覆蓋的斜坡走向我們居住的房子。白天的經歷已讓人精疲力盡，我們疲憊地躺入吊床，沉沉地睡去。

破曉時分，一層薄薄的迷霧籠罩著河面，為阿納維利亞納斯的森林披上了薄紗。我們急忙地走出小屋，探索周圍的環境。這裡是座有著巴西莓櫚、曲葉矛櫚、腰果以及古布阿蘇樹的果園。一條小溪圍繞著上游的土地，以猴歡喜屬植物（*Sapopema*）的板根支撐，一片高大的樹木散布在河岸上，高處遙不可及的樹枝上懸掛著許多冠擬棕鳥的巢。這些鳥在這裡築了似皮包狀的鳥巢，就我眼前所見，在這一大個白色的黃蜂蜂巢下方，至少有 8 座鳥巢，在微風中搖擺著。

註 1：現今使用的屬名為 *Epiphyllum*。

長著蘇里摩希鵝掌芋（*Thaumatophyllum solimoesense*）的內格羅河河段。

精緻的日鳽。

　我很快地發現到曲葉矛櫚為多隻鸚鵡提供了藏身之所，牠們在暮色中來到樹上棲息，一邊降落在棕櫚樹上，一邊發出震耳欲聾的叫聲，為爭搶最佳棲息處而爭執不休，隨後便又是一片平靜。黎明時分，牠們會再次離開，成群結隊地飛越河流，往群島飛去。在所有鳥類中，最美麗的或許要屬精緻的日鳽，在黎明與黃昏時分，牠們會在河岸上捕魚，能夠與之媲美的鳥類，應該只有時常前來拜訪當地花朵的蜂鳥了。

　隔天，我們急切地等待保羅，他將帶我們前往阿納維利亞納斯生物保護區。抵達時，警衛向前盤查，當他們確認蘇是巴西亞馬遜國家研究院的員工，而我是植物畫家後，我們才得到許可進入，甚至還邀請我們留下來。

　其中一名警衛雷蒙多（Raimundo），以獨木舟載著蘇和我探索群島，我趁著一些空檔，畫下了幾張草圖。保護區外圍是一塊「屬於」一位卡布克羅人的區域，他就住在溪流邊的一間小屋裡。警衛允許我在那裡採集植物，並提議用獨木舟載著我們穿越「巴西堅果迷宮渠道」（the Furo de Castanha）裡雜亂的樹叢，這是一區由許多水道所組成的複雜水上迷宮。

亞馬遜麗花檞寄生（*Psittacanthus cinctus*），屬桑寄生科植物。 ▶

亞馬遜麗花檞寄生
（*Psittacanthus cinctus*）

在一片老樹林中，其中一棵樹幹上的大洞裡有許多布滿白蟻的孔洞，一隻巨嘴鳥從洞裡探出頭，好奇地看著是誰侵入了牠的領地，牠看起來並不喜歡人群的樣子，於是迅速展翅揚長而去，展露出璀璨珣麗的羽毛。雷蒙多確信這隻巨嘴鳥在那棵樹的樹洞裡築了巢，而卡布克羅人之後肯定會來掏鳥窩，然後把雛鳥拿到市場販賣。不幸的是，他沒有辦法阻止這種事情發生，因為這些雨林中的迷宮渠道已超出了保護區的範圍。

每一天，除了待在內格羅河的村舍外，我都會聽到炸藥在附近爆炸的聲響。爆炸聲後就是一片死寂，沒有任何鳥兒發出鳴叫，一切都因畏怯而噤聲，彷彿是大自然的心臟停止了跳動。而後，或許會有一隻毫無生命跡象的小短吻鱷在氾濫森林裡的靜水中仰面朝天地漂浮過去，而牠只不過是爆炸的受害者之一。

有一天我被鸚鵡和巨嘴鳥的叫聲早早吵醒，整個上午都在畫畫，畫的是一株極美的桑寄生科植物，它是寄生植物的一種，大量生長在氾濫森林裡的樹木和灌木上。它的花是鮮艷明亮的黃色和橘色，吸引了許多蜂鳥，且在藍色與櫻桃色果實成熟期間，仍會持續開花。吃過食人魚午餐後（是保羅在當天上午捕到的），蘇和我划著獨木舟進入吉爾伯托房子旁的氾濫森林。我想在那裡採集一株鳳梨科植物—長葉蜻蜓鳳梨，但採集刀只不過輕輕地碰了植物一下，好幾群狂暴的螞蟻便蜂擁而出。由於它的花尚未成熟，我決定明天再來摘採。當我正在思考時，樹上一隻俊俏的啄木鳥也在觀察我，牠身上帶著黑色與白色的條紋，有著大大的紅色羽冠，同時觀察著我的還有兩隻全黑的巨嘴鳥。

內格羅河。

Margaret Mee

Loranthaceae
Rio Negro, Amazonas
May. 1982

韋氏蛇鞭柱（*Strophocactus wittii*）▶

韋氏蛇鞭柱（*Strophocactus wittii*）

1977 年，在阿納維利亞納斯群島還不是生物保護區前，我曾在那裡發現過韋氏蛇鞭柱（*Strophocactus wittii*），現在的學名為 *Selenicereus wittii*。我曾畫下帶著果實的植株，並且下定決心要在之後的旅行中，找到當時沒能見到的花朵。依照邏輯推斷，我確信保護區邊界的氾濫森林是最有可能找到這種百足柱屬植物（*Strophocactus*）的地點。當我坐下來為最近所採集的植物作畫時，蘇划著獨木舟到附近的小溪探索，她以欣喜若狂的神態回來和我說，她發現了這種植物的葉子[1]。我立即拋下手邊的工作，和她一同划船前往那株百足柱屬植物生長的地點。那一株植物不僅有一串緊貼在樹幹上生長的緋紅長葉子，在我們觸手可及的地方，還有 2 朵大花苞，花梗非常的長，大約有 12 英吋（約 30 公分），綠色的花萼中略帶紅色，而花瓣是白色的，並不是我原來認為的紅色。這株植物長在樹的枝杈上，上面還有一株帶著紅色脈紋的蔓綠絨屬植物，這是一個非常好辨認的地標。

發現這株百足柱屬植物後，我們每天都去探訪那條小溪，看著這些的花朵，等著它們綻開。

在附近森林的邊緣有一塊奇特的區域，那裡有許多乾枯的樹殼，樹上有成群的螞蟻和經過風雨襲擊所留下的風化痕跡，這些樹殼和長著茂密枝葉的幼樹混雜在一起，且許多樹都正在開花。附生植物簇生在它們的樹枝上，其中有著深色大葉子的蔓綠絨屬植物、多刺的鳳梨科植物—剛毛蜻蜓鳳梨，與帶有黑色尖刺、極具侵略性的托坎廷斯蜻蜓鳳梨，此外還有大叢的香蕉蘭屬植物，它們有著長長的穗狀花序。

隔天，我們一早便划著獨木舟出發前往長著仙人掌的那棵樹。此時它的花正盛開著，我猶豫了許久，在害怕和發抖的狀態下決定採下它，因為這朵花已經開展到最大，可能會因為白天的炎熱而閉合。因為開的是白花，我猜想它可能會是夜裡由天蛾或蝙蝠傳授花粉。

我仔細檢查了手中握著的珍貴花朵，12 英吋長的花梗非常結實且肉質飽滿，在碩大花朵的白色絲綢般的花瓣中，似乎隱藏著一道黃色的光芒，它雄蕊的排列方式複雜且精細。

傍晚，當我欣賞著壯麗的落日時，日鳽前來捉魚。牠發出溫和、哀傷的叫聲，以驚人的速度捉住小魚，牠是最精緻、最優雅的生物了。隨著陽光漸逝，鸚鵡們開始歸巢，飛回房子旁邊的曲葉矛櫚上，還是像平時那樣喧鬧爭論，直到天黑才停息下來。這是美好一天的完美收場。

韋氏蛇鞭柱。瑪格麗特・蜜之後了解到它的花朵只會在夜裡開展（參見後記）。

註 1：文中所描述的葉片其實是葉狀莖的構造，可參考後記中的說明。

Strophocactus
wittii
Paralanchas, Amazonas

Margaret Mee
February, 1948

一隻鬣蜥以驚人的敏捷速度爬上了樹。

在此後的幾天，天氣極熱，為了避暑，我們在長著仙人掌的小溪沿岸尋找陰涼的地段，後來又從那裡移到湖上。在水邊的大樹下尋找樹蔭乘涼的不只有我們，就在我們剛抵達時，有大約 50 隻栗子色的猴群，從一棵樹跳到另一棵樹。這群猴子的尾巴長而有力，牠們很快地從我們眼前跳過，發出刺耳的叫聲。

就在我們觀察著猴群的滑稽動作時，一隻深色的尼鶲（Nunbird）也在仔細地注視著我們。這隻鳥儀表堂堂，有著橙色的鳥喙，深綠色的羽毛中帶著白色的斑點。另一圍觀者是一隻巨大的灰鷹，牠藏在巨樹的縫隙中，眼睛一眨也不眨，盯著我們這些奇怪的入侵者，因為我們船槳所濺起的水花和外來的語言打破了湖泊的寧靜。攀樹的雀鳥們靜悄悄地在樹林間飛來飛去，牠們張開尾翼在樹枝間尋找昆蟲。無數隻嬌小的蝙蝠從樹根中湧出，但牠們來得快，去得也快。

那天晚上下起了傾盆大雨，內格羅河的水位急速飆漲，再加上安地斯山脈（the Andes）上融化的雪水匯入亞馬遜盆地，使得情況更加嚴峻。在隨後的兩天，河水飛快地爬上了河岸，許多灌木和小樹都被河水淹沒。雖然完全無法外出採集植物，但我可以利用這段時間進行打稿和水彩上色，透過窗戶面著河流還是能看到許多有趣的畫面。

最後一天，我們決定在發現那株百足柱屬植物的氾濫森林裡度過大部分的時光，在一到達那片寧靜的水域時，我們就聽到樹叢中傳來尖銳的叫聲，接著看到一群黑色的猴子在樹枝間跳來跳去。

在這群黑猴子越過樹梢蹦蹦跳跳地離開時，一隻游泳穿過湖泊的綠色鬣蜥，發出響亮的濺水聲。牠的尾巴特別長，成蛇形移動，起初還以為是一條蛇。我們把獨木舟繫在水中一棵沒有葉子的樹上，那隻鬣蜥以驚人的速度敏捷地爬上樹，因此我得以近距離觀察牠。在牠決定繼續下一個路徑前，我迅速地為這隻美麗的爬蟲類畫下草圖，並在素描本上做了筆記。而後，牠游泳上了岸，消失在氾濫森林的林蔭之中。牠是深綠色的，尾巴特別長，從深綠色慢慢過渡到銹棕色，身體上的斑紋和尾巴上的環形斑紋是深灰色，逐漸轉成白色，耳朵上有一層珍珠母色的精細薄膜，從頭頂到脊椎一路都是鋸齒狀的深綠色突起，下顎處垂著優雅的皺褶，五趾的後足和別緻的前足修長且骨感。

轉眼到了我們不得不返回瑪瑙斯的時候，我們的船沿著綠色且寧靜的阿納維利亞納斯生物保護區漂蕩了好幾個小時。終於，夜色籠罩了我們，在滿月的照耀下，沿著閃光的水路駛向遠處燈火闌珊的瑪瑙斯。

小袋瓢唇蘭（*Catasetum galeritum*）▶

Zygosepalum labiosum
"L. C. Rich." Garay.
Para

Margaret Mee

第十二章

特龍貝塔斯河周圍
消失的森林

1984年

　　從阿納維利亞納斯回來的 2 年後，我在 6 月接受里約熱內盧聯邦大學（the Federal University of Rio de Janeiro）的邀請，待在他們位於特龍貝塔斯河（Rio Trombetas）河畔的奧里希米納（Oriximiná）的前哨基地工作。

　　我們飛越了被河流和峽谷隔斷的一座座山脈，當越來越靠近亞馬遜河流域的時候，看著綿延數公里遭受到破壞的大地，實在震驚不已。我過去從未見過如此被恣意破壞的森林，和人為所造成的廣大沙漠，當雲層遮住這些景象時，我竟心存感激。在舒適宜人的聖塔倫（Santarém）短暫停留後，我們飛過一座座熱氣騰騰的濃密森林，直到雄偉的特龍貝塔斯河映入眼簾，看到這些典型的風景依然存在，心裡才稍感寬慰。

　　奧里希米納小鎮的前哨基地在不久前建立，是為了讓醫生和醫學院的學生能在當地的醫院工作幾個月，並探訪周圍的村莊。我與他們一起研究當地的植物相，並考察在此地區展開大規模森林砍伐計畫對生態所造成的影響。

　　這趟旅程幾乎都是走水路。在第一段的旅行中，當黎明破曉時，我從港口搭船離開前往薩庫里（Sacuri）的村落。經過距離奧里希米納最近的賈托巴湖（Lago Jatoba）後，我們駕船繼續航行了 2 個小時，穿過了遠處的森林，最後到達薩庫里，這是一個遍布沼澤的村莊。醫療人員從這裡上岸，在一處開放式的大穀倉工作，而我跟著一位獸醫和 2 位衛生督察繼續前往偏遠地區。我們在薩庫里換乘了獨木舟，以便能更輕鬆地進入汜濫森林，如此一來，我能夠探尋植物，其他人可以去往更遙遠的村莊。在一個陰涼的小灌木叢中，長滿苔蘚的樹上有幾株稀有的美唇軛肩蘭（*Zygosepalum labiosum*），它精緻的白色花朵閃閃發光，於是我熱切地採了幾棵。

◀ 美唇軛肩蘭（*Zygosepalum labiosum*）

我們見到由大樹骸骨組成的黑色海洋。

　　我們靜悄悄地繼續航行，從一隻俊俏、身上有著綠、黑、灰三色的鬣蜥身旁駛過，但牠沒有注意我們，這隻鬣蜥身長有 1 公尺，姿態優雅地依偎在一棵有著濃密葉子的樹上，牠的附近還有 3 隻伙伴，在樹枝上享受著斑駁的陽光，牠們被獨木舟驚動了，其中一隻掉進了水裡，發出響亮的濺水聲，另外 2 隻則急忙地在樹葉間慌忙竄逃。

　　我在特龍貝塔斯地區的水道和湖泊有多次類似的旅行，所以乘坐吉普車由陸路前往波康（ Poção ）的遙遠村子就成了一種另類的體驗。19 世紀的科學家曾經探索過此地區茂密的森林，我讀過他們寫下的那些熱情洋溢的紀錄，但這次的旅行讓我感到痛徹心扉。在沿著奧里希米納和歐比多斯（ Óbidos ）之間的「道路」行進了幾英里後，我處在一種視覺衝擊的狀態，其實算不上什麼道路，只是一條小徑，其中的危險和侵蝕的程度簡直超乎想像，眼前殘存的風光只剩下一片令人痛心的灌木叢，而曾經存在的原始林，現在成了由大樹骸骨組成的黑色海洋。大自然創造了幾處成功的號角樹屬植物的純林，它們努力掙扎著，想要重建起幾乎垂死的叢林。儘管土地受到大面積的毀壞，我還是從中發現倖存者，是一種奇妙的木質藤本植物，叫做尚柏格胡姬籐（ Memora schomburgkii ）[1]，那時司機疾駛在一條路況極糟的路上，我第一次看到這種亮橙色的閃光，當再一次遇到時，我們便停下車，採集這株燦爛的橘色凌霄花。一到波康，我就趕緊在一本舊筆記本裡畫下它的草圖，因為它已經開始萎凋，而且我擔心自己再也見不到這個物種了。

　　後來又安排了一段為期 3 天，沿著庫米納 - 米里姆河（ Rio Cuminá-Mirim ）溯流而上的旅程。我們高速航行了一整夜，我躺在吊床上，看著從眼前滑過的風景。一輪漸盈的明月依然掛在金色的雲朵之上，預示著輝煌美麗的一天即將開始。接著，紅色的太陽從樹林的紋樣和加瓦里星果椰的黑色邊緣後冉冉升起。

註 1：現今使用的學名為 Adenocalymma schomburgkii。

尚柏格胡姬籐（ Adenocalymma schomburgkii ）▶

Memora schombergia "De Candolle"
Meirs

Orixciminá, Pará

Margaret Mee
June, 1984

擬紫羅蘭（*Ionopsis utricularioides*）

　　我們乘坐一艘笨重的大船航行，想要沿岸採集植物幾乎是不可能的，那就更不用提進入氾濫森林了。我曾申請要在大船後面拖帶一艘獨木舟以方便工作，可惜未能實現，因此我決定只要一有機會，就借艘獨木舟自己去採集。當船長把船停靠在朋友家的小屋附近時，我的機會來了，白天接下來的時間一直到晚上，船長都會待在屋子裡不出門。

　　這位住在小屋中的卡布克羅人對我很友善，還用她的獨木舟載我到最近的氾濫森林裡採集。她是一位開朗又健談的女子，我從她的口中得知，我們現在所在的河流是庫米納河（Rio Cuminá），而不是庫米納-米里姆河，後者只能通過瀑布進去。我們划著船穿過近期曾被火燒過的樹林和灌木叢，儘管這些植物的傷已經開始癒合了，我還發現了幾株逃過火災的植物們。

　　這裡有許多蘭花，其中就屬擬紫羅蘭最為珍貴，它開著一大團精細的紫色花朵。

瓦勒朗蜻蜓鳳梨（*Aechmea vallerandii*）

　　我們在第 2 天破曉時回到了奧里希米納，接著到聖塔倫。之後，我回家待了 2 個月處理一些事務，在這段期間裡盡量抽出許多時間為我在特龍貝塔斯河流域所採集的植物作畫。9 月初，我又回到了奧里希米納。

　　星期天到來的時候，醫生、學生們和我一起乘船前往凱普魯湖（Lago Caipuru），我們享受著陽光，並在清澈的黑水裡游泳。沿著河灘散步時，我注意到森林邊緣的樹上生長著許多附生植物，便決定之後要再回來這裡，於是第 2 天，一位年輕的牙醫若昂（João）和我從船夫迪多（Dido）那裡租了船，再次回到湖邊。

　　波皮格氏扭萼鳳梨是一種鳳梨科植物，它有著如火焰般的花序，身上長著許多防禦性的刺，很難將它從宿主砲彈樹上剝開，我們繼續往原始樹林中走去，落囊花樹上煙紫色的花朵遮蔽了在樹枝間的蘭花們，枝上長著一株秀麗的盔藥蘭屬植物，而滾邊蕾麗亞蘭（*Schomburgkia crispa*）[1] 金棕色花朵組成的花環則圍在巨大的樹幹上。

註 1：現今使用的學名為 *Laelia marginata*。

滾邊蕾麗亞蘭（*Laelia marginata*）

　　我這次到訪奧里希米納，主要是前往特龍貝塔斯保護區（Trombetas Reserve）與埃雷庫魯大湖（lake of Eripucu），並希望能留在那邊工作一段日子。我提前遞交申請單，但延宕、官僚制度以及缺少交通工具等一連串的情況，讓我飽受挫折。

　　在這段時間裡，我受邀陪同兩位來訪的植物學家克勞斯（Klaus）和拉伊薩（Lais）前往匯入法魯湖的亞蒙達岔流（Paraná Yamundá）。我特別期待這次的旅行，因為以前曾在 1977 年到過此湖和尼亞蒙達河。我們打算採集有開花的樹木做為標本。牙醫若昂也陪同前往。

　　若想領略亞馬遜河流域的瑰麗風光，亞蒙達岔流並不是個值得推薦的好地方，因為那裡以畜牧業為主，風景不足為道，農民的小屋散布在河流的兩岸，樹木幾乎就僅限於那十幾種，包括砲彈樹、猴瓢樹、榕樹和加瓦里星果椰。

　　儘管周遭的植物資源有限，但我還是在一棵龐大的猴瓢樹上，採下一些直接從樹幹上長出來的開花枝條，這棵樹看上去十分壯觀，樹上開滿了白花，同時也結了如同砲彈般的果實。我也發現一株可愛的白色繖房紫葳（*Phryganocydia corymbosa*）[1]，回船上便把它畫了下來，一直忙到深夜。它是一種有著喇叭花的藤本植物。雖然這裡過去曾經以豐富的亞馬遜植物與樹木聞名，但除了上述兩種物種外，在這個地方並沒有其他的發現。我們漫步在沒有道路的原野上，在一大叢灌木中看到書帶木屬植物的花，但灌木裡盤踞著一條蛇，我們決定不去挑戰牠的領地權。

　　當我們來到岔流的盡頭，景色開始有所改善，河岸兩旁的樹木與植物種類越來越多了，兩位植物學家活躍了起來，多次停船採集植物。最後抵達了法魯，這是特龍貝塔斯河岸最古老的城鎮之一，是個安靜和平的定居點。

　　這是我在造訪亞馬遜州和帕拉州中，最迷人的城鎮之一。我們在教堂附近發現了一間簡單的咖啡館，在那裡好好的享用了一餐。因為天氣晴朗溫暖，我們一早就出發直奔湖泊，很快地就來到一個美麗的湖岸，我們盡情地採集樹上的花朵，接著壓平以便後續製作成標本。

　　我們時不時停靠在湖邊岩岸，深深為植物著迷。在 1960 年代，我曾在沃佩斯河發現並畫下一種屬於澤蘭花屬的沼澤植物，它有一位近親，是一種可愛的天星科植物，名為戟葉尾苞芋（*Urospatha sagittifolia*），在這片沼澤中茂盛生長。

註 1：現今使用的學名為 *Bignonia corymbosa*。

戟葉尾苞芋（*Urospatha sagittifolia*）

繖房紫葳（*Bignonia corymbosa*）▶

Margaret Mee
September, 1984

Phryganocydia corymbosa (Vent.) Bur.
Rio Yamunda, Pará

巴塔塔湖轉變成一片堅硬的紅土。

　　這片樹林中，最壯觀的是一株高大的藤黃科植物，名叫球花森氏藤黃，它在樹冠以下的樹幹並不長任何枝椏，為了尋求陽光，它的花朵呈簇地生長在開展的枝條，花朵是鮮豔的緋紅櫻桃色。我還記得曾經在 1977 年乘船沿尼亞蒙達河溯流而上，那時曾見過一兩群這種令人印象深刻的樹，不過當時它們的遙不可及讓我深感沮喪。恰好，這裡有一棵樹已被砍倒在地，我便採集了一些它稀有的花朵。

　　隨著旅程的進行，新的驚喜不斷出現，我本以為可以在這座擁有豐富植物的迷人湖泊上度過好幾天，但草木叢生的斜坡慢慢被生長在眩目的白沙上的低矮多刺茂密灌叢樹林所取代，清澈的黑水形成小小的內陸湖泊，湖底深處長著大量觀賞性的藻類，它們牢牢地依附在沙質湖床的細枝上。

　　回到奧里希米納後，再從那裡乘船到埃雷庫魯湖的備用竹筏。在礦業之城（Mineração）剛破曉之際，我前往察看鋁土礦公司對亞馬遜森林的破壞，映入眼簾的景象卻令人瞠目結舌，因為在奧里希米納曾有人告訴過我，他們已採取措施不會再破壞生態，並為遭到砍伐的森林地區重新種植樹木，看來並非如此。

　　一片紅棕色的鋁土礦海淹沒了最美麗的原始森林。巨大的樹木和在許多地區已絕跡的物種已被連根拔除。這片鋁土礦海就如同紅海般死寂，沿著一道非常寬廣的山谷向下延伸了 10 公里。那些被紅色殘留物滲入的土地，土壤被有毒物質所包覆，破壞了土壤裡的腐植質，所有的生命都因此窒息而亡。當潮水上漲，籠罩著其他區域，那些死亡和褐色的樹木矗立在那裡，如同成千上萬個死亡警告，預示著即將來臨的命運。不僅是樹木，且與它們息息相關的鳥類、動物和植物也都難以倖免，儼然是一座死亡谷。幾天後，我穿過一道用掛鎖和鐵鍊緊鎖的大門，看到了記者不被允

球花森氏藤黃（*Symphonia globulifera*）▶

Margaret Mee
October 1985

Symphonia globolifera
Rio Yamundá, Pará

許探訪與報導的一幕：偉大的巴塔塔湖（Lago Batata）正轉變成一片堅硬的紅土。這座湖泊和特龍貝塔斯河之間的天然屏障很可能會被這些紅土的重量所擊潰。過去的巴塔塔湖生機盎然，魚類、烏龜和水鳥群聚，但致命的殘留物殺死了湖裡及周圍的所有生命，且還繼續往更遠的地方滲透下去，發黃的葉子和腐蝕的樹枝就是最好的證據。支流的兩岸曾有居民生活，釣魚並以獨木舟通行，但現在已經幾乎乾涸，且河水遭到污染，又是另一位鋁土礦開採的受害者。除非及時採取作為，否則下一個受害者可能是美麗的特龍貝塔斯河。

「尼亞蒙達珍珠號（Perola da Nhamundá）」在上午 8 點抵達，我在保護區內的旅行到此結束，一位森林警衛划著獨木舟把我送到木筏上。木筏上住著 3 位朝氣蓬勃的年輕人，他們是警衛，有權盤問與搜查任何進入保護區的船隻。他們親切友善，對我十分體貼，還用獨木舟帶我跨越湖泊，讓我可以坐在船中作畫一小時。獨木舟上有一台嘈雜的外裝推進機，因此被命名為「樹蛙號（Pererca）」。遺憾的是，雖然我待在保護區和工作的許可文件終於到了，但其中含有一條常見的條款，即不得採摘任何植物，這就排除了科學繪圖的可能性。我只能退而求其次，以一定的距離畫圖，這只適合表現它們的生長環境。坐在獨木舟上，頭頂著火熱的艷陽，是一件艱難的工作，但我甘之如飴，一心渴望在允許的有限時間裡，盡可能地完成更多的作品。

自 19 世紀理查·斯普魯斯和其他探險科學家的時期以來，特龍貝塔斯保護區的森林幾乎沒有遭到破壞。在埃雷庫魯大湖與其周圍的自然環境仍舊生機蓬勃，湖裡的烏龜與各種水棲生物在這裡不受干擾地繁衍生息。儘管已經到了 9 月，湖水水位幾乎沒有下降，樹木還深深地站在水中，維持著被氣候塑造而成的奇怪形狀，許多樹上長滿了正在開花的鳳梨科植物。坐在獨木舟時，我逮到一個千載難逢的機會，能為一群懸掛在矮相思樹林的黃腰酋長鸝鳥巢作畫，在他們之間有一個白色的鐘型黃蜂巢，這樣的蜂巢經常可以在皮包形狀的住所附近發現。這些鳥兒高聲地訓斥我們，聲音宏亮且音調多樣（牠們是優秀的模仿者），此時巨嘴鳥也加入牠們的叫聲，共同捍衛著自己的領地免受外來者的入侵。牠們的叫聲實在太刺耳了，我們只好離開了現場。

隨著日光漸漸消失，黑鴨從湖面低空飛過，當牠們向上飛起時，排成箭形的隊伍。人們告訴我，自從採取了保護措施，將獵人從森林中逐出後，保護區內的美洲豹已經增加了不少，且數量還在持續上升，吼猴和其他靈長類動物的數量也更多了，保護區內的生態環境正在恢復它過去的狀態。

黃腰酋長鸝的鳥巢。

小劍瓢唇蘭（*Catasetum lanciferum*）▶

Catasetum appendiculatum
Rio Negro, Amazonas

Margaret Mee
May, 1955

Margaret Mee

Strophocactus wittii
Rio Negro, Amazonas

第十三章
內格羅河流域的月光花

1988年

　　我還持續著對月光花的探索，它過去的學名為 *Strophocactus wittii*，現在改為 *Selenicereus wittii*。我曾在沿著內格羅河流域與其支流的旅途中，先後採集到這種植物，但從來沒有得到開花的植株。

　　我們依然在尋找這種奇妙的仙人掌，蘇・洛蘭和我在里約熱內盧機場遇到了一位朋友。我們預定了巴西航空（Varig flight）第一班飛往瑪瑙斯的班機。即便搭乘這樣一架巨大的噴射式飛機，也需要花至少 4 個小時，才能踏進亞馬遜的炎熱環境。自我上次造訪以來，瑪瑙斯在這 5 年間不斷地擴張，因此已分辨不出屬於城鎮外圍的郊區，過去圍繞在城市周圍的美麗森林已經被剷除一空，現在到處都是房屋和工廠。

　　第一晚，我們住在一家小旅館裡，位於靠近港口和商店的舊城區。我們遇到了吉爾伯托・卡斯楚（Gilberto Castro），他一直在瑪瑙斯籌備著他的船和採買物資，因為我們打算沿著內格羅河溯流而上，到他的小屋那邊住上幾個星期，探尋周圍的氾濫森林。

　　上午 10 點左右，我們正慢慢地沿著內格羅河溯流而上，駕駛船隻的是吉爾伯托的船夫保羅。河水很平靜，後續的 2 個小時裡，我們一直保持航行在河流中央，從那裡所看到的河岸只是遠處地平線上的線條。當我們靠近右岸時，我看到那裡的森林已經消失了，大片的土地遭到農場和木炭製造商的破壞，經常見到他們的小屋，屋頂是醜陋的波紋狀或是塑膠製。

　　到了下午 3 點左右，一陣狂風吹起，天空也暗了下來。當我們接近阿納維利亞納斯群島時，波濤洶湧，大雨橫掃河面，在那一整個小時裡，我們必須維持馬達的運轉，並放下帆布雨篷，這一區的河流有一定的危險性。黃昏時分，風變小了，我們進入了在左岸的阿納維利亞納斯岔流（Paraná Anivilhanas），河流的沿線是壯麗的森林。巨木上垂掛著蔓綠絨屬植物，鳳梨科植物纏在樹枝上，偶爾會有一株蘭花在綠色的簾子前閃閃發光。

◀ 韋氏蛇鞭柱（*Strophocactus wittii*）

瑪格麗特・蜜正在畫月光花。

　　我們的船在黑暗中繼續前行，月亮升起，在岔流上泛起點點波光。河的右岸燈光閃爍，是來自卡布克羅人們的小屋，除此之外，只有我們孤零零的一艘船。在離開瑪瑙斯的 10 個小時後，我們關閉了發動機，小船在寂靜中划行，駛向一間小屋前的岸邊，那裡是我們在 1982 年住過的地方，幸虧有吉爾伯托的關照，這裡基本上沒有什麼變化，甚至長了更多的樹木。鸚鵡們所棲息的曲葉矛櫚深深地豎立在晴朗的天空下，我們站成一排，把物品傳送到覆蓋著青草的岸上。保羅和瑪莉亞要先回家，答應早上會送來一些魚。

探尋

　　站在小屋門口，可以看到寬闊的河道，河流兩岸是連綿不絕的森林，再遠些則是岔流和氾濫森林。河水現在離高水位的草坡還很遠，但在接下來的 2 個月，它會再繼續上漲 2 公尺。蘇準備了精緻的早餐，她有這樣的廚藝，只好能者多勞了。水果、蛋和新鮮麵包是從瑪瑙斯帶來的，魚是保羅捕的。當我們討論著探尋百足柱屬植物的計畫時，感到既興奮又樂觀。

　　從里約熱內盧出發的幾週前，我們已經交代保羅在出去捕魚時，記得觀察附近仙人掌的情況。在岔流中逆流而上 3、4 英里後，我們進入了那片氾濫森林。覆蓋著青草的小島橫跨在平靜的水面上，飽經風雨侵襲的的灰色樹幹如同骸骨般矗立著，河水淹過了它們的枝幹。

韋氏蛇鞭柱（*Strophocactus wittii*）▶

Selenicereus wittii
Rio Negro–Amazonas

Margaret Mee
May 1988

當保羅提出了他的第一個發現時，我十分失望，因為那只是一株有著紅色葉子的曇花屬植物，保羅誤將它認作是百足柱屬植物，但他沒有因此氣餒，繼續駕著船直奔一棵茁壯的樹下，在它的杈枝上掛著韋氏蛇鞭柱的緋紅葉子[1]，其緊貼在樹幹上就像是轉印圖畫，但這株植物並沒有花芽，很可能是因為它位於氾濫森林的最外緣，一直在陽光下持續曝曬。

我們距離在 1982 年發現此物種的小溪不遠了，植被已經變得濃密，但那株植物卻已消失了。

於是，我們轉戰到另一處的氾濫森林繼續尋找。這一次動用到大船，船上載著食物和一艘獨木舟，這樣我們在外一整天也不會有問題。在這座氾濫森林裡，樹木的骨骸站立在廣闊的河流中，在它們的後方是一道由小樹和灌木所組成的屏障，一半沒入水中，保護著高高的樹林。大樹深深地矗立在水中，如同沉沒了一半的廟宇柱子。茂密的樹冠低垂在水面上，連正午的陽光都被它們遮擋得不那麼耀眼了。

我們坐在較小的獨木舟進入氾濫森林，強行穿過多刺、堅硬的灌木叢時，獨木舟時不時左搖右晃，之後我們靜靜地在樹林間划行。這時，一棵大樹令我興奮不已，樹幹上掛著一串仙人掌褪色的葉子，上面還有 3 朵大花苞，它鬆垮垮地掛在那裡，就恰好在水面之上，僅靠著一株藤蔓支撐著。它一定是在某場暴風雨中掉落的，而下一陣風可能就會將它吹入河裡，所以我決定把它帶走，將它種在離家不遠的氾濫森林中，這樣便可以在那裡觀察它的生長。在這棵樹更高的位置，這株仙人掌還有其他的花苞，長在許多葉子之間，它們無疑會產出種子，在這座氾濫森林裡發芽。

當我們從大船的甲板上掃視更遠的地方時，在這座氾濫森林的開闊處，一棵大樹上貼著鮮豔的仙人掌葉吸引了我們的目光。我迫切地想接近這些植物，便踩著吉爾伯托的肩膀，依序檢查每個花苞。天色漸暗，且從這裡回去還需要兩個小時的水路，於是我決定先回去。隔天下午我們又回來了，觀察到樹上有許多附生植物，包括一株遮住部分仙人掌的苦苣苔科植物。我在那裡畫著彩色草稿，直到光線開始變暗，很明顯地，這些花苞很快就要開了。站在那裡，周圍是森林昏暗的輪廓，我如同中了魔法般無法動彈，然後，第一片花瓣開始移動、接著是第二瓣，如同這朵花突然有了生命。

花綻放的速度很快，我們僅靠著一支手電筒的昏暗燈光，持續注視著它。此時，一輪滿月的光芒從森林黑暗的邊緣升起。

註 1：文中所描述的葉片其實是葉狀莖的構造，可參考後記中的說明。

韋氏蛇鞭柱（*Strophocactus wittii*）▶

Margaret Mee
June 1988

Selenecereus wittii
Rio Negro, Amazonas

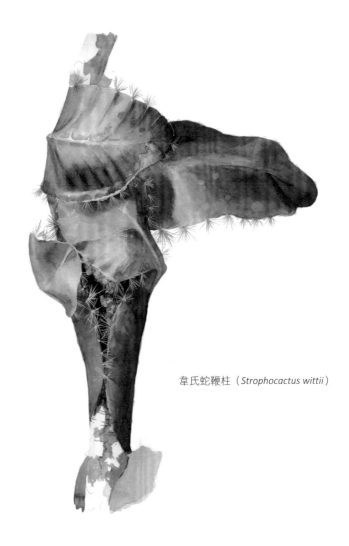

韋氏蛇鞭柱（*Strophocactus wittii*）

開花的初期，從花朵中飄出一股奇異而又甜美的清香，我們都被這朵精緻而出人意料的大花之美所折服，一小時後花朵便完全開展。

當我在畫圖時，多希望會有傳粉者前來，專家們認為會是天蛾或是蝙蝠。我們在那裡蹲守了一整夜，最後我得出的結論：我們的到來干擾了這裡數千萬年來演變形成的平衡，但這與我在亞馬遜水道上所見到的情況相比，這一小點擾亂根本是微不足道，因為森林已經有相當大的改變，我曾在內格羅河兩岸畫下的可愛植物們，現在全都消失了！第一次探訪那裡時的興奮之情記憶猶新，當時我把船停在一棵帆瓣花旁，河岸的大樹開滿白花，散發出濃郁的芳香。這些年發生了災難性的變化，森林被破壞和焚燒，讓我們對這個星球的未來感到憂心忡忡。

這朵「月光花」在黎明前永遠的閉合了。自棲地飛來的鳥兒從這些小島上空飛過，一隻巨嘴鳥出現在露水閃閃發光的樹冠上，一隻優雅的蒼鷺正在捉魚。我們迎來了又一個黎明。

後記

　　瑪格麗特‧蜜在亞馬遜最後一次的探險有個特定的目標——尋找韋氏蛇鞭柱（*Selenicereus wittii*）[1]，並畫下它的花。這種植物的屬名「selene」是來自希臘語中的月亮，因此也被稱為月光花，因為它的花只在夜裡綻放，而且只有短短的幾個小時。它以採集者 N.H. 韋特（N.H. Witt）的名字所命名，N.H. 韋特於 20 世紀初居住在瑪瑙斯，並把這種植物的標本送到歐洲鑑定。這種古怪附生性仙人掌的扁平莖桿纏繞著樹木生長，看上去更像是葉，而它的花為長管狀，在先端開出白色的花朵。這種花朵有著不尋常形狀和夜間開花的習性，這說明了它的傳粉是藉由長口器的天蛾。

　　當瑪格麗特‧蜜在亞馬遜追尋月光花的旅程中，剛好遇上她的生日 5 月 22 日，便在當地慶祝了她 79 歲的生日，這似乎是為了彰顯她在尋找月光花的決心和最後的成功。

　　她完成了好幾幅出色的作品，描繪出月光花的每個生長階段，當時，這花期短暫的韋氏蛇鞭柱系列畫作是呈現此植物在自然棲地生長樣貌的唯一已知圖像。這些畫作是她生前最後一項主要的專題。

　　1988 年的秋天，瑪格麗特在植物藝術繪畫領域開拓的精神與作為，得到了兩個知名機構的讚譽，她回到了英國，在皇家地理學會（Royal Geographic Society）發表了演講，又在英國皇家植物園（邱園）出席了她的畫展「Margaret Mee's Amazon」（瑪格麗特‧蜜的亞馬遜）的開幕式。

　　諷刺的是，這位深愛亞馬遜的探險者，曾無數次勇敢地面對危險和驚心動魄的場面，最後卻喪命於英國的一場車禍。她時年 79 歲，仍然熱切地準備重返亞馬遜，仍然創作著傑出的作品。我們有一切的理由相信，若沒有這次意外，她本應繼續燃燒著自己的熱情，創作出更多的畫作。即便如此，她留給後人的一切是無法估量的。

註 1：*Strophocactus wittii* 的分類歸屬一直有爭議，在瑪格麗特探險的年代（1956-1988）是此物種從 *Strophocactus wittii*（1913-1985）改成 *Selenicereus wittii*（1986-2002）的時期，現在（2003- 迄今）學名又改回了 *Strophocactus wittii*。中文名稱為韋氏蛇鞭柱，或是月光仙人掌、亞馬遜抱樹仙人掌。

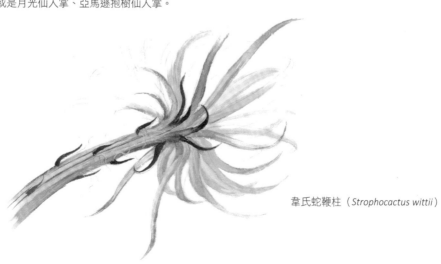

韋氏蛇鞭柱（*Strophocactus wittii*）

植物畫索引